REMARQUES
D'UN
VOYAGEUR

Sur la Hollande, l'Allemagne, l'Italie, l'Espagne, le Portugal, l'Afrique, le Bresil, & quelques Isles de la Méditerranée :

Contenant une idée exacte de leur gouvernement, de leur commerce, de leurs forces, & de leurs mœurs, & les caracteres de plusieurs personnes illustres qui vivent actuellement.

A LA HAYE,

Chez M. G. DE MERVILLE.
M. D. CC. XXVIII.

PREFACE.

Tout le monde aujourd'hui se mêle d'écrire, & les nations les plus éloignées de nous voudroient s'instruire de ce qui s'est passé de plus remarquable jusqu'à present. La difficulté n'est pas de pouvoir débrouiller, & de mettre en ordre les Manuscrits que l'on découvre dans les endroits les moins connus. L'essenciel est

PREFACE.

de savoir distinguer les bons Mémoires d'avec les mauvais, afin de ne pas donner pour des faits authentiques des anecdotes fabuleuses. C'est à quoi je me suis apliqué avec soin dans cet Ouvrage, que je ne fais point imprimer pour acquerir le vain titre d'Auteur, mais pour me rendre utile au Public en general, & en particulier à l'homme de guerre, quand il se trouvera employé dans les Etats dont je traite, de même qu'au Négociant, au Voyageur, & à quiconque voudra connoître, sans sortir de son cabinet, la

situa-

PREFACE.

situation presente de tant de differens pays.

J'avertis en même tems ces Critiques qui n'ouvrent un Livre que pour y trouver des deffauts, que je me suis préparé à entendre sans aucun chagrin tout ce qu'il leur plaira de dire de mon stile, dont le Puriste delicat ne s'accommodera peut-être point. Mais outre que je me suis refusé le tems de voir meurir mon Ouvrage, il est sûr qu'après bien des veilles, & des coups de lime, je n'aurois pas encore atteint à ce point de perfection, que beaucoup d'autres cher-

PREFACE.

chent inutilement, parce que dans tous les arts il y a une espèce de terme, au delà duquel il est absolument impossible de pouvoir avancer.

Quoi qu'il en soit, je ne cite aucune ancienne époque que sur la foi de Suétone, de Tacite, de Strabon, & de plus d'un Auteur de cette réputation. D'ailleurs je ne raporte que ce que j'ai bien vu, & j'en parle en homme autant ennemi de l'amplification, que peu disposé à vanter des contrées, où l'on ne trouve que de l'ennui, de la misere, & du mécontentement.   *Je*

PREFACE.

Je rends un compte précis & fidele de la Hollande, de la plus grande partie de l'Allemagne, de l'Italie, de l'Espagne, du Portugal, & de l'Afrique. J'aurois pu enfler mon Manuscrit de la description de plusieurs autres Etats, dont j'ai assez de connoissance; mais j'en laisse le soin à un Voyageur qui revenu depuis peu du Nord, en prépare une ample relation. Si elle est aussi exacte qu'un galant homme est capable de la donner, il ne representera point la Monarchie des R** comme une Puissance qui soit

fort

PREFACE.

fort en état d'agir offensivement, & en parlera comme d'un Empire dont on voit tomber les nouveaux fondemens avec plus de rapidité qu'ils n'ont été jettés. C'est ce que j'eusse bien ou mal expliqué, si je l'avois entrepris. Du moins je l'aurois fait avec toute l'impartialité qui convient à un Ecrivain exact & équitable.

ERRATA

P. 34. l. 1. *Link.* liſ. *Slincke* & l. 19. mettez après *Hiſtoire* le point qui eſt avant *Livre.*

p. 35. l. 11. *Campel.* liſ. *Campen.*

p. 60 l. 2. en bas *Monigroda.* liſ. *Miningroda.*

p. 99. l. 4. en bas *Molde.* liſ. *Multe.*

p. 119. l. 2. *Eſtercontium.* liſ. *Stereontium.*

p. 149. l. 6. *Brixina.* liſ. *Brixinia.*

p. 154. l. 4. en bas. *Bachelione.* liſ. *Bachiglione*, & l. 3. *Racone.* liſ. *Rerone.*

p. 192. l. 2. en bas *Senones Galli.* liſ. *Sena Gallica.*

p. 201. l. 2. *Nar.* liſ. *Nera.*

p. 260. l. 4. *Auguſte.* liſ. *Agouſto.*

p. 294. l. 2. *Des Royaumes d'Arragon, de Majorque & de Mi-*

ERRATA.

Minorque. lif. *Du Royaume d'Arragon, dos Iſlas de* Majorque *& de* Minorque.

REMARQUES D'UN VOYAGEUR.

CHAPITRE I.

De l'origine des Hollandois, de la situation de leur pays, de leurs mœurs, de leur liberté, de leur gouvernement, de leurs forces, de leur commerce, de la fondation d'Amsterdam, & des autres villes de cette République.

Tous les Historiens sont d'accorcord que la *Hollande* fut anciennement habitée par les *Bataves* & les *Frisons*, & que les premiers étoient des *Cattes*, peuples descendus de *Germanie*, lesquels après avoir été forcés d'abandonner leur patrie, vinrent occuper la partie *Meridionale* de cet Etat, sous la conduite d'un certain *Baton*, qu'ils reconnurent pour leur Chef, sans permettre qu'il prît une autorité despotique. C'est ainsi qu'ils en uferent avec ceux à qui ils jugerent à propos d'accorder les honneurs de la Royauté : d'où l'on peut conclure qu'ils ont eu des Rois sans avoir connu de Maître, & que l'on eut raison de dire, après que les *Romains* eurent assujetti une partie du Monde, que la liberté se conserva, ou trouva un azile au delà du *Rhin* & du *Tanaïs*. Ce furent ces mêmes *Bataves* qui fer-

SUR LA HOLLANDE.

servirent utilement les *Romains*, en plusieurs occasions, en qualité de Troupes auxiliaires, lesquelles ne marchoient que sous des Capitaines de leur nation, & dont l'élite chargea la premiere à la bataille de *Pharsale*. *Germanicus* en tira de grands secours, & *Julien*, surnommé *l'Apostat*, leur fut redevable de la victoire, qu'il remporta sur les *Allemands* devant *Strasbourg*.

Les *Frisons*, qui se joignirent aux *Bataves*, donnerent à la contrée qu'ils habiterent le nom de *Frise*, en reconnoissance de *Frisius*, qui les avoit gouvernés long-tems. Ces peuples, que l'on distinguoit autrefois en grands & petits, ont été de tout tems fort jaloux de leur liberté, comme on en peut juger par un trait que *Tacite* raporte dans son histoire, à l'occasion de deux Ambassadeurs qu'ils avoient envoyés à *Rome*.

Dans la suite des tems, les *Bataves* perdirent leur nom, de même que les *Frisons*, & furent nommés *Hollandois*, de deux mots *Allemands*, *hol* & *land* qui signifient *Pays Creux*. En effet le terrain qu'ils habitent est si bas, que ce n'est que par une infinité de digues & de levées prodigieuses que l'on y est à couvert des fréquens efforts de la mer, qui le menace si souvent, qu'il y a lieu de craindre qu'il n'en soit quelque jour englouti tout à fait, comme il l'a déja été en partie par des inondations subites & furieuses. D'ailleurs la situation de la *Hollande* au milieu des eaux dont elle est environnée, ne la rend pas moins forte qu'inaccessible; & le *Rhin*, le *Leck*, le *Vahal* & la *Meuse*, qui lui servent

vent de remparts, ne contribuent pas moins à sa conservation, qu'au progrès de son commerce.

La *Hollande*, proprement nommée, est la principale des sept *Provinces-Unies*, quant à la force ; car pour le rang elle n'est que la seconde. Les autres sont le Duché de *Gueldre*, le Comté de *Zelande*, les Seigneuries d'*Utrecht*, de *Frise*, de *Groningue* & d'*Overissel*.

Il n'y avoit dans le premier âge de la République que six villes qui donnoient leurs suffrages dans les Etats de la Province ; mais *Guillaume* de *Nassau*, Prince d'*Orange*, eut la politique d'en augmenter le nombre de douze autres, pour diminuer le crédit de la Noblesse, & donner un contrepoids à l'autorité des grandes villes, en leur égalant les plus petites, dont il lui étoit plus aisé d'être le maître.

Les Nobles ne forment qu'une voix, quoi qu'ils députent ordinairement douze personnes de leur Corps, pour prendre place dans les Etats de la Province. Ils ne laissent pourtant point d'être fort considerés dans le Gouvernement, occupant les premieres charges dans le Civil & dans le Militaire. Ils opinent aussi les premiers dans l'assemblée des Etats, & ont le pouvoir de nommer un Conseiller dans les deux grandes Cours de Justice.

Le *Pensionaire* de *Hollande* doit être un homme profond dans les loix & coutumes du pays, & capable de haranguer dans les occasions. Il se place après les Députés, dans toutes les assemblées de la Province, & c'est lui qui propose les affaires,
qui

qui reçoit les avis, & qui met en ordre les resolutions que l'on prend.

On choisit les Députés des villes entre les Magistrats & les Senateurs, mais leur nombre n'est pas fixe, & dépend de la volonté de ceux qui les envoyent. Les Etats se tiennent dans les sales du Palais de la *Haye*, & s'assemblent ordinairement en Février, Juin, Septembre & Novembre. Lorsqu'ils se rassemblent pour des affaires extraordinaires, on nomme cette assemblée le *Conseil des Commissaires*.

Les *Etats Generaux* sont composés des Députés de chaque Province.

Le *Conseil d'Etat*, aussi formé des Députés des sept Provinces, au defaut des Etats Generaux, represente la République; & lorsque ces Députés, qui sont au nombre de douze, donnent leurs voix, on compte les personnes & non les Provinces : ce qui est different dans les Etats Generaux, où tous les Députés d'une Province ne font ensemble qu'une voix. C'est le Conseil d'État qui exécute toutes les resolutions qu'on prend dans les Etats Generaux, & qui propose les moyens de lever des Troupes & de l'argent. Il a l'inspection des milices & des fortifications, & dispose de toutes les sommes destinées pour les affaires extraordinaires.

La *Chambre des Comptes* est composée de deux Députés de chaque Province, qu'on change tous les trois ans. On y examine l'emploi des finances, l'usage que l'on a fait du produit des impositions, & autres choses de cette nature.

Le *Conseil de l'Amirauté* décide

cide en tems de guerre des affaires de la Marine, & de tout l'équipage des Vaisseaux. L'Amiral préside à ce Conseil, & outre sa pension, il a part dans toutes les prises qui se font sur mer.

Le *Stadhouder*, quand ce grand poste n'est point vaquant, est General des Armées, grand Amiral, & dispose de toutes les charges militaires.

Les Etats de chaque Province ont l'autorité souveraine dans l'étendue de leur jurisdiction. Ce sont eux qui font les impositions, & tous les actes de la souveraineté ; & s'unissant ensuite pour ne former qu'un même Corps, qui est ce qu'on apelle la République, représentée par les Etats Generaux, ils ont le pouvoir de faire la paix, ou la guerre, & toute sorte d'alliance avec les Puissances étrangeres.

Amsterdam n'étoit connue vers l'an 1200. que par un petit château, nommé *Amstel*, qui selon les aparences avoit tiré son nom de la petite riviere sur laquelle il étoit bâti. Un Seigneur, dont l'origine s'est perdue, y attira des habitans, qui n'étoient que des pêcheurs, & qui passoient leurs plus beaux jours dans des habitations couvertes de chaume. Ces gens-là s'agrandirent insensiblement, & leur village étoit au commencement de l'an 1300. un bourg assez considerable.

Un certain *Gisbert* en avoit été banni dans les premiers tems de sa fondation, pour avoir été le plus zelé de ceux qui assassinerent le Comte *Florant*; mais aïant obtenu son rapel, il y fit construire des ponts, & élever des Tours, qui furent les premiers édifices d'*Amstel*, dont on

alon-

alongea le nom par celui de *Dam*, qui signifie *Ecluse*. On y bâtit ensuite de nouvelles maisons, ce qui fit une petite ville que *Marie de Bourgogne* fit fermer de murailles. Dans la suite *Amsterdam* s'augmenta si considerablement qu'elle devint Imperiale. Aujourd'hui elle ne cède en beauté & en richesses à aucune de l'*Europe*: elle est située sur l'*Ye*, dont elle reçoit les eaux par plusieurs canaux, parfaitement bien entretenus : mais elle est bâtie sur un terrain si bas qu'il y auroit à craindre pour elle, si les habitans ne prenoient soin d'oposer des digues & des éclufes à la furie des flots qui la menacent de tems en tems.

La petite riviere qui passe au milieu de la ville, y forme le grand *Canal d'Ammerach*, qui est bordé d'un fort beau quai Il y a encore celui de l'*Empereur*, peu éloigné du *Canal des Seigneurs*, & de celui du *Cingel*, qui sont tous les trois fort larges, & dont les bords revétus de pierres de taille, sont embellis de tilleuls. Les rues d'*Amsterdam* ne sont point également belles, mais toutes sont extrêmement propres, & bien entretenues : les boutiques des Marchands sont remplies des étoffes les plus rares, & de tout ce que l'Empire de la *Chine* & les *Indes* fabriquent de plus précieux.

Les places & les édifices publics meritent assez d'être vus, quoi qu'ils n'aprochent point, à proportion, de la maison de ville, bâtie sur pilotis, & dont l'entrée est si remarquable par son architecture. Le frontispice de ce vaste bâtiment est orné de trois statues de bronze, qui representent la Justice, la Force & l'Abondance, & d'une riche

che pièce de marbre, sur laquelle est en relief une femme soutenant les armes de la ville, avec des lions, des licornes, & quelques figures de heros. Le dedans est aussi beau que le dehors, & tout y répond à la grandeur du dessein. Les voûtes souteraines de cet édifice renferment la Banque, ou le tresor public, dont les Magistrats ont les clefs, & que l'on n'ouvre ordinairement qu'en presence d'un des Bourguemaîtres. On ne dit point positivement à combien montent toutes les richesses que l'on confie à cette Banque, qui est un dépôt assuré de l'argent que l'on y porte, & que l'on ne retire qu'en billets avec lesquels les Marchands se payent ordinairement les uns les autres. Bien des gens prétendent qu'une partie des fonds de ce fameux tresor est entre les mains des meilleurs Négotians qui les font travailler. Mais si cela est vrai, du moins ce commerce, qui d'ailleurs ne porte aucun préjudice à personne, se fait avec beaucoup d'ordre & de secret.

La plus grande partie des revenus d'*Amsterdam* consiste dans les droits qu'on lève sur toutes les marchandises, dans les rentes des maisons, & des terres qui en dépendent, & dans des impositions tant ordinaires qu'extraordinaires. Cette ville est extrêmement peuplée; mais c'est proprement un mêlange de toutes les nations de l'*Europe*. Ses habitans ont eu la meilleure part aux conquêtes que les *Hollandois* ont faites tant sur mer que sur terre; & comme elle est aussi considerable parmi les villes de cet Etat, que cette Province l'est à l'égard des autres, elle donne toujours en quelque manière niere le mouvement aux affaires les plus importantes, lorsqu'il s'agit du commerce. On y rencontre des Marchands de toutes les parties du Monde. Les curieux y visitent la maison des *Indes*. Ce sont de grands magasins remplis d'une infinité de marchandises, qui reviennent des pays, où les navires *Hollandois* vont toutes les années.

 Les Arsenaux en general sont bien pourvus; mais ceux de la flote des *Indes*, & des Vaisseaux de guerre, peu éloignés les uns des autres, attirent davantage la curiosité des connoisseurs.

 L'Eglise de *St. Nicolas*, qui n'est autre que le vieux Temple, est ornée en partie du mausolée du fameux *Ruyter*. Le tombeau de ce grand homme a été travaillé avec beaucoup de dépense.

se. On voit aussi dans cette ville plusieurs maisons bien bâties, & très spatieuses, dans lesquelles tout se passe avec ordre. Les unes sont pour les orphelins, & pour les malades, & d'autres pour les Demoiselles à qui la chaleur du temperament a attiré quelque mauvaise affaire. D'ailleurs cette Capitale est la retraite de toutes les religions; mais la *Calviniste* & la *Lutherienne* ont seules le privilége de l'exercice public, les autres n'étant que tolerées.

Les *Juifs Portugais*, qui se croyent de la tribu de *Juda*, ont une belle Sinagogue, près du *Marché neuf*. Les premiers d'entr'eux sont puissament riches, & bien differemment regardés que ceux de la tribu de *Benjamin*, dont on ne fait aucun cas.

Les spectacles ne sont pas com-

communs dans cette ville, & les agrémens qu'un Etranger espere de trouver dans une grande & riche Capitale, sont plus rares dans celle-là que partout ailleurs. La plupart des *Hollandoises* sont paresseuses, & ne tirent aucun profit des agrémens qu'elles ont reçus de la Nature. Elles ne refusent pourtant point les soins d'un homme qui leur plaît, sans être extrêmement coquetes. Mais les femmes sont en general plus attentives à la propreté de leurs maisons, qu'à toute autre chose.

Le *Port d'Amsterdam* est un des plus beaux & des plus fréquentés de tout le Monde, quoique les Vaisseaux de guerre n'y entrent pas. On croit apercevoir, quand on le découvre, une vaste forêt, car il est toujours couvert d'un nombre infini de navires, qui viennent y trafiquer
des

des extremités de la terre, parce qu'il n'y a point de pays, où l'on trafique avec plus d'agrémens & plus de liberté, que dans celui-là. C'est aussi par le commerce, qui a procuré à ces peuples des richesses immenses, qu'ils ont jetté les premiers & les plus solides fondemens de cette puissance, qui les a mis en état de donner de si grands secours à leurs Alliés, & de se rendre redoutables à leurs ennemis. Cette République peut en tems de guerre entretenir aisément 60 mille hommes, & mettre en mer une flote considerable.

La justice s'exerce sans partialité à *Amsterdam*, ainsi que dans les autres villes de cette République, & une bonne cause se soutient par elle-même, sans secours étrangers.

Leiden, nommée anciennement *Lugdunum Batavorum*, est située

tuée sur le *Rhin*, & bâtie sur le lac de *Haarlem*, d'où elle tire bien des secours. C'est la raison qu'oposerent ses habitans, lorsqu'ils refuserent de consentir au desséchement de ce lac. Elle est celèbre par son université, & par ses manufactures de draps. On y trouve comme à *Amsterdam* un grand jardin rempli de plantes médecinales ; une Tour ancienne, & un puids assez profond, duquel on croit que les *Wassenaars*, Burgraves de cette ville du tems des Comtes de *Hollande*, doivent avoir tiré leur nom & leurs armes. Les *Espagnols* assiégerent inutilement cette Place en 1574. La digue de la *Meuse* aïant été percée, & le pays inondé, leur armée fut obligée de se retirer avec beaucoup de perte & de desordre. *Leiden* n'est à present deffendue que par une simple muraille, &

n'a

n'a d'autres fortifications, que les eaux dont elle est environnée.

La ville de *Delft*, qui est la troisieme du Comté de *Hollande*, est située sur les petites rivieres de *Gaech* & de *Schie*, & n'est pas mal bâtie. Elle est traversée par un beau canal que l'on a conduit jusqu'à la *Meuse*. Elle a un Arsenal, & deux grandes Eglises, dans l'une desquelles on peut voir le tombeau de *Guillaume* Prince d'*Orange*, qui fut assassiné par un *Franc-Comtois* l'an 1584. Ce mausolée a été travaillé avec moins de goût que de dépense. Celui de l'Amiral *Tromp*, qui est dans le second Temple, est assez bien exécuté. Le plus grand commerce de *Delft* consiste dans le débit de la fayance qu'on y travaille, & dont ses voisins font un grand usage.

Rotterdam, dans la *Hollande Meridionale* sur la *Meuse*, à l'embouchure de la *Rote*, d'où elle tire son nom, qui signifie *la digue de la Rote*, est après *Amsterdam* la plus considerable de toutes les villes des sept Provinces. C'est où se fait le commerce d'*Angleterre*, d'*Ecosse*, & des vins de *France*. Cette ville a l'obligation au Duc d'*Albe* de s'être agrandie, depuis que quantité de puissans Négotians des *Pays-Bas* s'y réfugierent, pour se derober à l'avarice des *Espagnols*. Cette ville a un bon & beau Port sur la *Meuse*. Elle est traversée par plusieurs canaux si larges & si profonds, que de grands navires peuvent y entrer, & aller porter leur cargaison à la porte des magasins. *Rotterdam* est la patrie du savant *Erasme*, dont elle a honoré la mémoire par une statue

tue de bronze, qu'elle lui a élevée dans l'une de ses places marchandes.

Gorkum, au confluent de la *Meuse*, assez peuplée & en état de deffense, vaut beaucoup plus que *Schoonhoven* sur le *Leck*, où se fait la pêche du saumon ; mais dans l'une & dans l'autre on ne commerce qu'en poisson.

Dort, ou *Dordrecht*, étoit autrefois la residence des Comtes de *Hollande*, & a le droit de faire battre monnoye. Cette ville, qui est assez opulente, & Capitale du pays, est située à l'embouchure de la *Meuse*, dans une Isle qui fut formée l'an 1420. par le regorgement de l'Océan avec les eaux du *Wahal* & de la *Meuse*, lequel engloutit plus de soixante bourgs, ou villages, & fit une mer de tout ce qui est entre la *Hollande* &
le

le *Brabant*. *Dort* jouit du droit d'étape de toutes les denrées & marchandises étrangeres, & ses Députés parlent les premiers dans les Etats.

La Haye, dite *des Comtes*, *Haga-Comitum*, parce qu'autrefois elle étoit, aussi bien que *Dordrecht*, le séjour de ses Souverains, est située à une demie lieue de la mer, à une de *Delft*, à trois de *Leiden*, & de *Rotterdam*, & à dix d'*Amsterdam*. *La Haye* est le bourg de l'*Europe* le plus considerable, le plus riche, & le plus beau. On y trouve un grand nombre de maisons qui sans être fort régulieres, donnent une grande idée de l'opulence de ceux qui les occupent. Ce bourg est traversé par plusieurs grands canaux, & environné d'un autre qui lui sert de rempart, les ponts sur lesquels on le passe pouvant être levés,

vés, quand il est nécessaire de prendre des précautions. On y voit une espèce de Cours, qui n'est pourtant qu'un chemin pavé de brique, & bordé d'arbres assez régulierement plantés, lesquels donnent de l'ombre à cette longue allée, qui aboutit au village de *Scheveling*, situé à cent pas de la mer. Outre cette promenade qui a de grands agrémens en été, on en trouve beaucoup d'autres qui, sans être aussi belles que celle du *Vorhout*, sont encore très agréables.

Le Palais où reside ordinairement le *Stadhouder*, quand ce grand poste est occupé, est une grosse masse de bâtiment fort irréguliere, mais qui ne laisse pourtant pas d'avoir des agrémens.

Le bourg de *Nalwyck* seroit peu de chose sans une belle maison qui apartient au Prince d'O-
range.

range. *Losduynen* est remarquable par le tombeau de la Comtesse *Marguerite* qui accoucha, dit-on, de 365 garçons. On montre même les bassins dans lesquels ceux qui ont ourdi cette belle histoire veulent que ces embrions ayent été baptisés par un Evêque d'*Utrecht*. Il est surprenant que le savant *Erasme* paroisse donner dans un conte de cette nature.

Vlardingen, dont la plus grande partie a peri par les innondations de la mer & de la *Meuse*, ne s'est point apauvrie à la pêche du harang, & c'est l'unique commerce qui s'y puisse faire.

Gravesand, près de l'embouchure de la *Meuse*, étoit anciennement le siége du Senat de *Hollande*; mais c'est bien peu de chose aujourd'hui, aussi bien que *Gertruydenberg*, qui a quelques fortifications. Cette petite ville aſſiſe ſur le *Meruve*, aux confins du *Brabant*, apartenoit aux Princes d'*Orange*, & cauſoit autrefois de grandes conteſtations entre les *Hollandois* & les *Brabançons*, qui vouloient en avoir la propriété. Les uns & les autres s'y opiniatroient d'une maniere ſi vive, que les *Hollandois* engageoient leurs Princes par ſerment à la conſerver, & les autres faiſoient jurer les leurs de la reprendre.

On ne trouve rien que de fort commun à *Willemſtadt*, à laquelle les Etats qui l'ont fait bâtir, donnerent ce nom, en mémoire de *Guillaume* Prince d'*Orange*.

Sevenberg, qui doit apartenir au Duc d'*Aremberg*, eſt auſſi peu commerçant que *Walkenbourg*. *Waſſenaer*, dont les Comtes de *Ligni* avoient herité, a paſſé dans une autre Maiſon.

On

On peut faire de *Heusden*, voisine de la *Meuse*, une fort bonne Place. Elle n'est qu'à deux lieues de *Breda*, & n'en est pas plus riche. La volaille qu'on mange dans cette derniere, vaut mieux que tout ce qu'on y trouve. Cette ville qui n'est point si étendue qu'elle l'étoit il y a cinquante ans, est plus forte par sa situation que par ses remparts qui s'éboulent entierement. Elle est située sur la *Meke* dans un pays marécageux, que l'on peut innonder aisément, & defendue par un château qui sera fort, quand on le voudra mettre en état de deffense.

Breda n'est ni agréable, ni bien bâti. C'est une ville dans le *Brabant Hollandois*, avec titre de Baronie. Elle est de figure triangulaire, & ses remparts de gazons sont trop découverts. Il y a à chaque angle une porte de brique, & les courtines sont flanquées de quinze boulevarts chargés de canon. Cette Baronie a passé dans la Maison de *Nassau* par le mariage d'*Engelbert* Baron de *Leck*. On remarque à quatre lieues de cette Place sur le chemin qui conduit à *Amsterdam*, le lieu où devoit être une forteresse nommée par les Historiens *Arx Britannica*, qu'on croit avoir été bâtie par *Caligula*, lors qu'il méditoit la conquête de la *Bretagne*.

Naerden, sur le *Zuiderzée*, fut saccagée par les *Espagnols* l'an 1572. & prise cent ans après par les *François*. Cette petite ville est bien percée. Ses dehors sont des plus rians, & ses fortifications paroissent des meilleures; mais les souterrains sont inhabitables, à cause de la fumée dont

dont il est difficile de se garantir.

On ne trouve que du lin à *Muyden*, à l'embouchure du petit fleuve de *Vecht*, & l'on ne recueille à *Roonbourg*, anciennement *Prætorium Agrippinæ*, que quantité de chanvre de même qu'à *Oudewater*.

Woerden sur le *Rhin*, & *Vianen* sur le *Leck*, aux frontieres de la Province d'*Utrecht*, sont assez peuplées. Cette derniere a été possédée par des Comtes de *Brederode*, & c'est le refuge de ceux dont les affaires ne sont point bonnes, & qui cherchent un azile assuré contre leurs créanciers.

Leerdam, & *Arkel* sur le *Linge*, ont passé dans les domaines des Princes de *Nassau*, depuis la mort de *Maximilien*, dernier Comte de *Bure*; mais ce sont de ces petites villes où l'on ne trouve

trouve que du chanvre & de la toile à commercer.

Utrecht, que l'on nommoit du tems des Romains *Trajectum ad Rhenum*, & *Antonia* en faveur du Senateur *Antonius*, qui la fit bâtir sous l'Empire de *Neron*, est située sur le *Rhin*, dans un pays très agréable. *Clotaire*, fils de *Dagobert*, Roi de *France*, la fit rebâtir, après que les *Wittes* l'eurent saccagée, & voulut qu'elle se nommat *Utrecht*, du mot *trecht*, qui signifie *trajet*, parce que c'étoit le lieu d'un grand passage sur le *Rhin*, avant que ce fleuve eût changé de lit. Elle devint libre & Imperiale, & fut ensuite soumise à ses Evêques, dont plusieurs ont été d'un ambition peu convenable à leur caractere. Cette ville est fort grande, assez peuplée; mais elle n'est point forte, n'étant environnée que

que de mauvaises murailles, & d'un simple fossé, dont les eaux du *Rhin* remplissent une partie. On s'y promene sur les bords de deux grands canaux qui la traversent. Les voyageurs curieux y visitent deux bâtimens, dans lesquels on ne remarque rien de fort extraordinaire. L'un est le clocher de la Cathédrale, & l'autre est la maison du Pape *Adrien VI*. Les avenues d'*Utrecht* sont aussi belles que bien entretenues, & les plus difficiles seront contens du château de *Zeist*, & d'une grotte qu'on remarque dans le jardin d'un riche Anabaptiste nommé *Vanmol*. L'Empereur *Charles V*. unit cette Ville aux *Païs-Bas*; mais elle se delivra de la domination *Espagnole*, sous le règne de *Philipe II*. & entra dans la conféderation des Provinces - Unies. Ce fut même dans son hotel de ville que se

fit

fit le Traité d'Union qui fut le fondement de la République. Comme ses habitans sont affables & de bonne société, les Etrangers y séjournent volontiers, & se louent beaucoup de la pureté de l'air. Les *François* la prirent sans peine en 1672. & l'abandonnerent peu de tems après.

Le quartier de *Nimegue* est cette Isle si celèbre dans *Tacite*, laquelle fut long-tems le champ de bataille des *Bataves*, des *Frisons*, & des *Canninefates* contre les *Romains*.

Nimegue sur le *Wahal*, qui est une des plus grandes branches du *Rhin*, en est la premiere ville. Elle est grande sans être fort peuplée, & fortifiée avec des ravelins, mis au dehors du fossé, lesquels tiennent lieu de boulevarts plats qu'on ne pouvoit pas joindre au vieux rempart, à cause de la profondeur

deur du fossé. Elle est dans une situation inégale, & soutenue d'un château que l'on néglige autant que ses autres fortifications.

Arnhem, que les Anciens nommoient *Arenacum*, se trouve sur la rive droite du *Rhin*, qui se divise un peu au dessus de cette ville en deux branches, dont l'une prend son veritable nom, que l'autre va perdre dans l'*Yssel*. Le commerce languit beaucoup à *Arnhem*, où se rassemblent pendant l'hiver beaucoup de Seigneurs de cette Province.

Le canton de *Zutphen* a été autrefois la demeure des *Usipetes*. La Capitale, située au confluent du *Bérkel* & de l'*Yssel*, est defendue par neuf baîtions presque tous revétus, & quelques dehors qui sont comme abandonnés. *Lokem* sur l'*Yssel*, aux confins de la *Westphalie*, & *Grol* sur le *Link*, petite Place dont *Charles V.* avoit ordonné les premieres fortifications, ne sont pas plus renommées que *Doctecum*. *Anholt*, sans les jardins de son château, déplairoit à tout le monde. Cette derniere s'apelloit anciennement *Drusiburgus*, & on croit que c'est l'endroit où *Drusus* fit creuser un canal, pour porter ses troupes vers le Septentrion. C'est par ce canal que l'*Yssel* enflé des eaux du *Rhin*, va se décharger d'une partie dans le *Zuiderzée*, que les Anciens nommoient *Flevum*, d'un château dont *Tacite* fait mention dans le neuvieme. Livre de son histoire, *Leuwaerden*, Capitale de la Province de *Frise*, n'est point laide, ni mal peuplée. Elle est defendue par quelques ouvrages qui peuvent la garantir d'un coup de main. C'est dans cette ville que le Prince de *Frise* tient sa Cour en hiver, & que s'assemblent régulierement les Officiers de justice, pour y régler les affaires du pays.

Il n'y a ni bourg, ni ville dans l'*Overyssel*, qui merite d'être visité, à l'exception de *Déventer*, que l'*Yssel* arrose fidelement, & qui est un peu fortifiée, comme le sont *Campel* & *Zwol*, l'une sur la riviere d'*Aa* & l'autre sur l'*Yssel*. *Mararmaris portus*, à l'embouchure du *Vecht* dans le *Zuiderzée*, est aussi sauvage que dépeuplé.

La Province de *Groningue* tire son nom, selon les aparences, d'un *Grunius* Chef des Francs. Ce pays là s'apelle encore aujourd'hui la petite *Frise*, faisant anciennement partie de la grande. *Groningue* en est la Capitale, & en porte le nom. Cette ville n'est point desagréable,

quoi-

quoique l'air en soit fort décrié. Elle n'est pas mal bâtie, & ses rues sont assez bien percées ; mais ses fortifications sont aussi négligées que la citadelle, qu'un Evêque de *Munster* assiégea en 1612. sans la pouvoir prendre. Les rivieres d'*Aunez* & d'*Aa*, arrosent cette Capitale peu éloignée de la ville de *Dam*, qui n'est ni riche, ni belle.

Les *Ommelandes*, comme qui diroit *Pays Circonvoisins*, n'ont rien de remarquable, mais le quatrieme quartier du Duché de *Brabant Hollandois*, est tout autre chose Il renferme le Marquisat de *Bergues*, dont la ville principale située sur la petite riviere de *Zoom*, est la plus régulierement fortifiée de toute la *Hollande*, quoiqu'une partie de ses fortifications ne soient point encore achévées. Elle est bâtie entre des marais, & des terres innon-

innondées, qui la rendent presque inaccessible. Il y a pourtant aparence qu'elle ne l'eût pas été pour le Prince *Spinola* en 1622 si ce General, quand il en eut formé le siége, n'eût pas eu la négligence de laisser le Port libre aux assiégés, qui s'en servirent fort utilement.

Le Marquisat de *Hocstraet*, & la *terre du Prince* sont dans ce canton. On dit la *terre du Prince*, parce qu'elle apartenoit autrefois au Prince d'*Orange*.

Le Mairie de *Bois-le-Duc* qui contient à peu près cent villages, a sa principale ville sur la *Dise*, qui se perd à une lieue au-dessous de la *Meuse*. La ville est grande, fort peuplée, & située entre des marais defendus de plusieurs Forts, dont *Godefroi III.* Duc de *Brabant*, jetta les premiers fondemens l'an 1184.

La ville de *Grave*, Capitale du pays de *Cuyk*, est plus fameuse par les siéges qu'elle a soutenus que par la beauté de ses édifices. C'est le canton où l'on trouve d'aussi bonnes gens qu'on en puisse souhaiter, & des vivres à un prix des plus modiques.

Le *Moëland*, ainsi nommé, à cause qu'il est situé le long de la *Meuse*, ne renferme que les Comtés de *Ravestein* & de *Megen*, dans lesquels on ne trouve que de la peine, quand on les visite.

Les Isles de *Cadsand*, & les villes de *l'Ecluse*, d'*Ardenbourg* & de *Middelbourg*, se trouvent dans la *Flandre Hollandoise*. L'Isle de *Cadsand* n'a qu'une forteresse qui est à deux lieues de *l'Ecluse*. Cette derniere est une petite Place, qui n'est qu'à trois lieues de *Bruges*. Elle est assez

sez forte, & n'est séparée de l'Isle de *Cadsand* que par un petit golfe de la mer d'*Allemagne*. Le Port de *l'Ecluse* peut recevoir près de cinq cents navires.

On ne remarque rien d'attirant à *Ardenbourg*, de même qu'à *Middelbourg*; mais *Middelbourg* dans la *Zelande* est fort differente de celle-ci. C'est une bonne ville nouvellement bâtie, malgré les Chroniques de ceux qui lui donnent pour fondateur le Consul *Metellus*. Elle est marchande, bien peuplée, & defendue par de bonnes murailles. On y voit quelques édifices, parmi lesquels on distingue l'hotel de ville, & l'Abbaye de St. *Nicolas*, où s'assemblent les Etats de la Province, & dans laquelle la Compagnie des *Indes*, l'Amirauté, & la Chambre des Comptes tiennent leurs siéges.

L'Em-

L'Empereur *Guillaume* restaurateur de cette Abbaye, y est enterré avec l'Imperatrice *Isabelle*, dans un superbe tombeau, dont *Florent V.* Comte de *Hollande*, a fait la dépense. *Flessingue*, qui dans ses commencemens n'étoit qu'un miserable lieu, est assez considerable presentement. Son Port est fort marchand, & le grand canal qui traverse cette ville assez large, & assez profond pour mettre à couvert un bon nombre de navires. Le Prince d'*Orange* en fit l'acquisition l'an 1587., quoique l'Empereur *Charles V.* eût bien recommandé au Prince son fils dans le tems de son abdication, de ne s'en point defaire.

Veere, ainsi nommée du mot *Allemand Veer*, qui signifie *trajet*, fut fermée de murailles il y a quatre cents ans,

ans, & enfuite érigée en Marquifat. La Maifon de *Naſſau*, heritiere en partie du Prince *d'Orange*, la poſſède. Il y a un Arfenal pourvu de quantité de machines de guerre, & de tout ce qui doit fervir à la conftruction & à l'armement des Vaiſſeaux. Son Port n'eſt jamais fans navire, à caufe de l'étape des marchandifes d'*Ecoſſe*.

Armuyden, fort confiderable autrefois, eſt prefque abandonné depuis que les fables en ont comblé le Port. Ce bourg, de même que ceux de *Dombourg*, & de *Weſtcapelle*, n'attire point les curieux, non plus que les Iſles de *Sud-Veland*, dont l'Océan engloutit il n'y a pas longtems quatre de fes plus grands bourgs. Tous ces endroits-là font auſſi dépourvus que toute la *Zelande*, où l'on ne voyage que fort cherement, & avec toute te forte de defagrément. Ce pays avec les Isles qui le composent, fut anciennement nommé *Arboricæ*, des *Arboriques*, qui y passerent de la partie Septentrionale du *Brabant* vers l'an 1000. par une tempête, qui fit prendre un nouveau lit à l'*Escaut*. Ces Isles reçurent l'Evangile par le zele de St. *Willebrod*, qui baptisa les *Frisons* & les *Bataves* en 620.

La *Zelande* est bornée de la *Hollande* au Septentrion, du *Brabant* à l'Orient, de la *Flandre* au Midi, & de la mer *Germanique* au Couchant. Elle est composée de sept Isles, dont les plus avancées dans la mer ont des dunes, ou des montagnes de sable, qui les deffendent contre les vagues de l'*Océan*. Les autres sont couvertes par des digues prodigieuses, qu'on entretient avec beaucoup de dépenses,

aux-

auxquelles les habitans du pays sont obligés de fournir continuellement. D'ailleurs le séjour de ces Isles ne seroit point desagréable, si l'air y étoit moins pesant. Leurs habitans bons matelots, & s'attachant la plupart au commerce maritime, ont de petits bâtimens qu'on apelle des *Capres*, qui ont bien souvent derangé les Négotians de *St. Malo* & de *Dunkerque*.

Saerdam est sans contredit le plus riche village de l'*Europe* : on y trouve continuellement beaucoup de Vaisseaux sur le chantier, & un bon nombre d'habitans qui possèdent de grandes richesses. Il n'y a point de voyageur qui néglige de visiter cet endroit, dont les maisons sont d'une propreté qu'on ne remarque pas ailleurs.

Beverwyck, près des dunes, à quatre lieues d'*Amsterdam*, est une

une ville très jolie, bien peuplée, & fort amusante dans la belle saison.

Les environs de *Haerlem* sont charmans. Cette ville qui est la deuxieme du Comté de *Hollande*, est grande, bien bâtie, & entourée de murailles, que les *Espagnols* ne purent forcer après un siége de huit mois. Elle fut moins heureuse dans la suite, & se ressentit bientôt après des cruautés qu'elle avoit exercées contre ses ennemis. Cette ville est fort marchande tant par ses manufactures de draps & d'étoffes de soye, que par les belles toiles qui s'y font. Si l'imprimerie n'y a pas été inventée, on ne sauroit disconvenir qu'elle n'y ait été perfectionnée par *Laurent Coster*. On aprend par l'histoire du pays que *Godefroi le Bossu*, Duc de *Lorraine*, & fondateur de *Delft*, eût preferé le
séjour

séjour de *Haerlem* à toutes les autres villes de *Hollande*, dont il avoit usurpé une partie.

Le *Texel* est une Isle médiocre sur la mer du Nord. Elle seroit bientôt engloutie, sans une infinité de digues que l'on opose aux vagues de la mer. On se précautione d'un bon pilote quand on en aproche, & il y auroit plus que de la temerité d'y vouloir aborder sans cette précaution.

L'Isle de *Woorn* est assez considerable. On y trouve le Port de la *Brille* à l'embouchure de la *Meuse*. La ville n'est point desagréable, & ce fut dans ce lieu que les Conféderés du pays travaillerent avec succès à secouer le joug *Espagnol* en 1572.

Ces peuples forcés par la dureté, & la mauvaise politique du Duc d'*Albe* d'abandonner leur pays, se refugierent en *Angleterre*

gleterre, où aïant équipé une flote sous la conduite du Comte de *Lumay*, ils faisoient des ravages continuels sur les Côtes de la domination *Espagnole*: ce qui les fit apeller *Gueux de mer*. Le Gouverneur des *Pays-Bas* s'étant plaint à la Reine *Elisabeth* de la protection qu'elle avoit donnée à ces Rébelles, qu'il traitoit de Pirates, engagea cette Princesse à les faire sortir de son Royaume. Dans ces circonstances ces misérables se voyant réduits aux dernieres extremités, se jetterent dans l'Isle de la *Brille*, où le *Rhin* & la *Meuse* se joignant ensemble, vont de compagnie se perdre dans la mer. Ils attaquerent la ville qui porte le nom de l'Isle, & aïant forcé les murailles de la Place, s'en rendirent les maîtres, le jour d'un Dimanche de la Passion, qu'ils sanctifierent en
pillant

pillant les couvents de l'un & de l'autre sexe.

Tergou, en Latin *Gouda*, est un assez bel endroit, situé sur l'*Yssel*, qui y reçoit deux rivieres, dont l'une dite de *Gou*, donne son nom à cette ville, laquelle fut, dit-on, bâtie en 1272. sous *Florent V*. Comte de Hollande. On voit dans cette ville une belle Eglise, dont les vitres ne sont pas le plus petit ornement, & un hotel de ville magnifiquement bâti.

Tiel, au dessus de *Nimegue*, est assez agréable, d'autant plus que le *Rhin* & le *Vahal* forment dans cet endroit une Isle qui a de l'étendue. La *Meuse* & le *Vahal* en forment une autre à *Bommel*, petite ville, dont on ne parle point tant que du château de *Louvestein*, où l'on enfermoit autrefois les prisonniers de conséquence. Il est bâti sur

la

la *Meuse*, & a bien l'air d'une prison.

Le Prince de *Valdeck* néglige tout à fait le château de *Culembourg*, fortifié sur le *Leck*; & les *Hollandois* ne tarderont point à faire mettre la derniere main au Fort de *Schenck*, situé sur le *Rhin*, près d'un lieu où le *Vahal* abandonne ce fleuve sur les frontieres de *Cleves*. Ce Fort qui n'est point aisé à prendre fut bâti par un General qui lui donna son nom, & c'est une clef dont les *François* se servirent en 1672. pour entrer dans la *Hollande*.

Harderwyck, vers la mer meridionale, n'est pas meilleure que ses fortifications. *Elbourg* ne vaut guere mieux, & *Loo*, dont le château servoit de maison de plaisance au feu Roi *Guillaume*, seroit beau pour un Particulier,
&

SUR LA HOLLANDE. 49
n'est rien pour un Roi d'Angleterre.

Le château de Ryswick n'est point ce qu'il étoit autrefois, & n'est remarquable aujourd'hui que par la paix qui y fut signée entre l'Angleterre & la France en l'année 1697.

La Hollande merite d'être vue, & les avenues de la plus grande partie de ses villes sont mieux entretenues & plus belles, que les jardins des villes de plusieurs Royaumes de l'Europe. Le pays abonde en prairies & en pâturages qui nourissent une grande quantité de bétail ; mais l'air y est grossier & humide : ce qui est cause en partie de la propreté de leurs habitations, & de la netteté des villes. Comme le bois y est fort rare, on s'y sert d'une terre propre à bruler, que ces peuples tirent de dessous l'eau pour l'exposer au Soleil, où elle se durcit. Ils

C ont

ont aussi trouvé le secret de faire de la chaux avec des coquilles que la mer rejette, & qu'ils ont soin de faire bruler.

Les *Hollandois* aiment à boire tranquilement avec leurs amis, & se réjouissent à peu de fraix. Le négoce leur a acquis de grandes richesses ; mais cette passion d'en vouloir amasser ne leur fait rien entreprendre d'injuste. Ils n'aiment & ne haïssent aucune nation par preference. Celle-là naturellement n'est pas méchante. Elle est laborieuse, patiente, & politique. Il n'est point de peuple si sobre, & la sobriété est estimable & bien nécessaire dans un pays où tout paye des impôts, que l'on nomme des *Accises*. On supute qu'une vache de huit ou neuf ans vendue au marché en a déja payé 70, & qu'un plat de viande servi sur la table a plus de quinze

quinze fois acquité les droits ordinaires. Ils ont d'autres impôts pour la gabelle du sel, pour les fruits, pour le vin, & pour tant d'autres choses. Souvent même on leur demande le centieme, & le deux-centieme denier des biens, selon qu'ils ont été taxés; ce qui prouve qu'il n'y a point de Sujet dans le Monde Chrétien autant chargé que l'est ce peuple-là. Les gens de qualité, fort polis & assez prévenans, ne sont point exemts de ces sortes d'impositions, qui se renouvellent assez souvent, non sans beaucoup d'ordre & de justice.

CHA-

CHAPITRE II.

Des Duchés de Cleves *& de* Gueldres, *& de leurs principales villes.*

LE Duché de *Cleves* situé sur le *Rhin*, a le Duché de *Berg* au Levant, le Comté de la *Marck* & partie de la *Westphalie* & du Duché de *Gueldre* au Couchant, le Duché de *Cologne*, avec le territoire d'*Aix-la-Chapelle*, au Midi, & *l'Over-Issel* & le Quartier de *Zutphen* au Septentrion. Ce pays peut avoir quinze lieues de longueur & six de large. Il est couvert de bois & de colines, & ne laisse pourtant point d'être fertile en grains. Il renferme de beaux & bons pâturages

pâturages, & plus de gibier qu'aucun pays de la terre.

Cleves, qui est la ville Capitale, est moins grande qu'elle n'étoit autrefois, mais elle est toujours fort peuplée. Sa situation est sur une petite riviere près de l'endroit où le *Rhin* se sépare en deux branches. Le château absolument ruiné est bâti dans une situation admirable ; & avec un peu d'art & de dépense on en feroit un Palais enchanté. Au surplus les dehors de cette ville sont bien entretenus, & le Bois où nos anciens Heros de Roman ont trouvé tant d'avantures galantes, est une des plus belles promenades du Monde.

Ce Duché ouvert de tous les côtés, de même que sa principale ville, sera occupé dans un tems de guerre par l'armée qui par sa superiorité sera maitresse de la campagne.

Il y a dans ce Canton beaucoup de Noblesse qui ne mes-allie point, pour que leurs enfans puissent entrer dans les meilleurs Chapitres d'*Allemagne*. Les *Catholiques-Romains* y vivent en bonne intelligence avec les *Protestans*, & les Ministres des trois differentes Communions ne se traversent point, & simpatisent les uns avec les autres. Ces peuples sont laborieux, guerriers, & très sociables. Ils ont des priviléges qu'ils conservent avec soin, & auxquels le Roi de *Prusse* qu'ils reconnoissent pour leur Souverain, n'a point donné d'atteinte. Ceux du Comté de la *Marck* sont sous la même domination, & vivent aussi tranquilement. Ce pays qui n'est pas mieux defendu que celui de *Cleves*, est tout aussi bon, & avec un peu d'argent on y fait beaucoup d'affaires. Les denrées

rées & autres marchandises du pays étant à un prix fort modique, le commerce y est extrêmement borné, & conséquemment l'argent n'y est pas commun.

Le Duché de *Gueldre* est assez fertile, & ne manque ni de bois ni de bons pâturages. Un Gouverneur du pays sous la seconde race des Rois de *France*, en usurpa la Souveraineté, dont ses heritiers jouirent jusques à l'année 1030. qu'*Adelaïde*, ou *Alix* le porta en mariage à *Othon* de *Nassau*, en faveur duquel l'Empereur *Henri* IV. l'érigea en Comté. Sa Capitale est sans doute cette petite ville, dont parle *Tacite* sous le nom de *Gelduba*. Le château de cette Place qui n'est pourtant point à l'épreuve de la bombe, est assez fort, & passoit autrefois pour imprenable ; mais la ville commandée de plusieurs côtés & mal fortifiée, ne promet point une longue resistance. Il y a cent ans que les *Espagnols* tenterent d'y faire passer le *Rhin*, pour ôter aux *Hollandois* le commerce d'*Allemagne*. Une partie de la *Gueldre* a été cédée au Roi de *Prusse*, & l'autre aux *Hollandois*, depuis que le Duc de *Marlboroug* en a fait la conquête sur les armées des deux Couronnes en 1705.

Venlo dans la même Province est joliment situé, & pouroit être une assez bonne Place, si on la fortifioit un peu plus régulierement, aussi bien que le Fort *St. Michel* que les Alliés emporterent l'épée à la main, dans la derniere guerre.

Quelque dépense que l'on fasse à *Ruremonde*, il sera difficile aux troupes de *Prusse* de la defendre longtems, sa situation n'én'étant nullement avantageuse. Tous ces peuples sont fort attachés à leur religion qui est la *Romaine*, & sont plus affectionnés à *l'Espagne* & aux *Hollandois*, qu'à nulle autre Puissance. D'ailleurs ils sont affables, & très fideles dans leurs engagemens.

Santen peu éloignée du *Rhin*, est une ville fort ancienne. On y trouve une Eglise assez jolie, une Chartreuse assez riche, & un Chapitre de Chanoinesses bien composé. Comme le commerce languit dans cette petite ville, elle est pauvre & de peu de ressource. Le Roi de *Prusse* ne juge pas à propos de la faire fortifier, à cause que sa situation n'engage point à en faire la dépense.

Wesel à l'embouchure de la *Lippe* dans le *Rhin*, est un assez grande ville, qui plusieurs fois a été a été prise & reprise par les *Espagnols*, & par les *Hollandois*, sur lesquels l'armée du Prince de *Condé* en fit la conquête, sans y trouver beaucoup de resistance. Il seroit moins aisé de la prendre, depuis que le Roi de *Prusse* en a fait augmenter & perfectionner les fortifications. Ce n'est cependant point une bonne Place, ses bastions pouvant être foudroyés par les batteries que l'ennemi peut dresser facilement sur le bord du *Rhin*, outre qu'elle est trop découverte du côté de la porte de *Cleves*. D'ailleurs sa citadelle n'est point assez enterrée, & ses remparts dont la brique n'est point bonne, ne peuvent resister à une forte artillerie, qui les battra en brèche dès le premier jour de l'attaque.

Les environs de cette Place sont assez agréables, & on y voit
plu-

plusieurs belles maisons de Campagne, occupées par des Gentilshommes qui en font très bien les honneurs. La Noblesse du pays se retiroit autrefois dans *Vezel*, pendant les rigueurs de l'hiver, ce qu'elle ne fait plus aujourd'hui, quoiqu'on y vive dans une grande liberté, chaque religion s'y exerçant publiquement. L'Ordre de *Malthe* y possède une Commanderie, & les Peres de *St. Dominique* & de l'Oratoire y sont aussi paisiblement que dans le centre de la *Catholicité*.

REMARQUES

CHAPITRE III.

Des Evéchés de Munſter, *d'*Oſnabruck, *de* Paderborn, *d'*Hildesheim : *de leur fondation & de leurs forces, des mœurs, & des priviléges de ces peuples, de leur origine, & de leurs révolutions. Avec la deſcription des principales villes de la* Weſtphalie, *& du Duché de* Magdebourg.

MUnſter que les *Latins* nomment *Monaſterium*, connue autrefois ſous le nom de *Monigroda*, eſt une ville Imperiale & Anſéatique de la *Weſtphalie*,

phalie, située dans une grande plaine sur la petite riviere d'*Aa*, qui la deffend d'un côté, & de l'autre se jette dans l'*Embs*, avec plusieurs ruisseaux qu'elle reçoit sur sa route. Cette ville est grande, fort peuplée, assez riche, & fermée de bonnes murailles. Les personnes de qualité, & entre autres les Chanoines, y sont pesans, & aussi bons gourmets qu'en aucun autre Canton d'*Allemagne* ; mais quand on les a un peu battus le verre à la main, c'est tout autre chose. Ils ne sont naturellement point amis des *François*, principalement ceux qui n'ont pas voyagé en *France*.

Les caves des premiers de ce pays-là sont mieux fournies de vin de *Mozelle* ou du *Rhin*, que leurs bibliothèques ne sont remplies de bons Livres. Cette ville fut desolée en 1534. par les Ana-

Anabaptistes, qui s'en rendirent les maîtres sous la conduite d'un boulanger nommé *Jean Mathieu*, lequel après y avoir commis toute sorte de cruautés, fut enfin assommé dans une émeute populaire. Ce *Jean Mathieu* eut pour successeur *Jean Bocholt*, tailleur de profession, natif de *Leyden* en *Hollande*. Le premier de ces deux imposteurs se disoit Roi d'*Israël*, & vouloit établir sa puissance par le renversement des Loix divines & humaines. Il se fit nommer *Moïse*, & fit partir d'*Amsterdam* douze de ses disciples qu'il apelloit ses Apôtres, & qui l'annoncerent comme un homme envoyé de Dieu pour le rétablissement d'une nouvelle *Jerusalem*. *Jean* de *Leyden* ne fut pas moins hardi que son prédécesseur, qui lui laissa pour heritage sa Couronne, & ses chimeres.

res. Cependant l'Evêque de *Munster* n'aïant pu réduire par la force, ni par les remontrances, ces nouveaux *Israëlites*, se fit introduire dans la ville, où ce faux Prophète fut surpris avec ses principaux Ministres, lesquels expierent dans de rigoureux suplices une partie de leurs crimes.

La paix de *Munster* signée dans cette ville par les Plenipotentiaires des Princes de l'*Europe*, qui s'y assemblerent en 1648. ne l'a pas moins rendu fameuse que ses malheurs. Ces peuples s'en attirerent dans les derniers tems par leur révolte contre leur Evêque, qui sçut les mettre à la raison, après un siége assez opiniâtre.

Les *Munsteriens* sont en réputation de tout tems d'être des Républiquains capables de tout hazarder pour leur liberté. Les
Dames

Dames de qualité, sans avoir la delicatesse des *Italiennes*, & l'enjoument des *Espagnoles*, ne trouvent pas mauvais qu'un galand homme s'attache à leur char; & dans la foule des jeunes bourgeoises on en demêle un nombre qui ne seroient pas embarassées de trouver des aziles dans l'Isle de l'Amour.

L'Evêché de *Munster* est redevable de sa fondation à l'Empereur *Charlemagne*. *St. Ludger* qui mourut en 809. en fut le premier Evêque. Ses successeurs firent leur residence pendant plusieurs siècles, dans la petite ville de *Coesfelt*, dont le Palais tombe en ruine. Ce Prince Ecclesiastique jouit à present de la Seigneurie de *Burcklo*, au sujet de laquelle *Bernard* de *Galen* attaqua les *Hollandois* en 1665. C'est ce fier *Bernard* de *Galen*, sorti d'une des premieres

Mai-

Maisons de *Westphalie*, qui après avoir été élu Evêque de *Munster*, l'assiégea, s'en rendit maître, la fit fortifier, & y bâtit une citadelle dont la vue ne rejouit point un peuple qui de tout tems a été autant jaloux de sa liberté. Cependant cette citadelle très irégulierement fortifiée ne tiendra pas long-tems devant une armée qui en fera le siége, si on la bat du coté de l'esplanade. Elle n'a point de souterrains à l'épreuve des bombes, non plus que la ville dont les ouvrages sont entierement détruits. Et quand on les rétabliroit, il seroit comme impossible d'en faire une bonne Place. Cet Evêque est puissant, & plus riche par ses revenus que les Electeurs Eclesiastiques.

Les dehors de cette ville ne sont pas desagréables, & on ne doit point négliger d'y voir la Ca-

Cathédrale, la maison de ville, & le Collége des *Jesuites*, duquel *Ferdinand* de *Furstemberg*, moins guerrier que son prédécesseur, mais plus amateur des belles Lettres, n'a pas été un des moindres Prelats.

Osnabruck que les *Latins* nommoient *Osnabrucum*, est une ville Anséatique, située dans un pays très fertile, & bien cultivé. Elle n'a point de fortifications, & ne sauroit refuser ses portes à une armée ennemie. On n'y parle pas de commerce, & c'est un aussi triste lieu qu'on en puisse trouver. Le Chapitre de la Cathédrale consiste en un Prevôt, un Doyen, & 24 Chanoines. Les *Lutheriens* y ont obtenu trois prébendes avec voix active au Chapitre, pour donner leurs suffrages aux *Catholiques*. C'est dans cette ville que fut conclue la paix entre l'Eml'Empereur, & le Roi de *Suède* en 1648. On y convint de toutes les affaires des *Protestans*, & en conséquence de ce Traité, il y a eu alternative pour cet Evêché entre les *Catholiques* & les *Luthériens*, en faveur de la Maison de *Brunswick*.

Les Evêques d'*Osnabruck* faisoient anciennement leur résidence à *Ibourg* ou à *Paterbourg*, qui ne sont point de beaux endroits. Le premier de ces Palais fut bâti par un Evêque de la Maison de *Wartemberg*, lequel y fit beaucoup de dépense, sans en tirer un grand parti. On lit dans une Chartre de la Cathédrale d'*Osnabruck*, que l'Empereur *Charlemagne* aïant soumis les *Saxons*, donna de grands priviléges en 804. à cette Eglise, dont il augmenta les revenus, sous cette condition expresse, que les Chanoines élevés dans leur

leur Collége, seroient parfaitement instruits dans la Langue *Grecque*, & qu'on n'éleveroit à l'Episcopat que des Eclesiastiques assez versés dans cette Langue, pour pouvoir remplir le poste d'Ambassadeur à la Cour de *Constantinople*. En ce tems-là ces sortes d'élections se faisoient avec moins de dépense, & plus de liberté.

Paderborn, autre ville Anséatique de *Westphalie*, n'est ni desagréable, ni mal bâtie. L'Evêque en est Seigneur temporel, comme de tout son Diocese. C'est une des villes d'*Allemagne*, qui a le plus de part à l'Histoire *Romaine*, & dont il est fait une honorable mention dans la vie de *Charlemagne*, lequel y tint une assemblée en 777. Il paroît que ce Prince fonda cet Evêché: ce qui est plus croyable que l'histoire que l'on raporte d'une

sour-

source d'eau, qui sortit d'un endroit extrêmement sec, dans un lieu où l'Empereur aïant fait dresser ses tentes, avoit fait sa prière, laquelle ne fut pas plutôt finie que l'on découvrit au même endroit une source, qui devint si abondante, qu'elle creusa & remplit le lit d'une riviere, qu'on nomma *Pade*: d'où l'on conclut que *Paderborn* a tiré son nom & son origine.

Ces mêmes Historiens raportent serieusement qu'en mémoire d'un secours aussi peu attendu, ce Prince fit bâtir une Eglise qui est aujourd'hui la Cathédrale, & dont il fit élever le maitre-autel sur la source même. Ils ajoûtent que cet Empereur fonda ensuite l'Evéché, dont le premier Prelat fut *Hedumar*, ou *Herimar*. Ce Chapitre est composé de 24 Chanoines, qui n'y sont reçus qu'à l'âge de 21 ans,

après

après avoir fait résidence actuelle dans quelque Université de *France*, ou d'*Italie*, pendant six semaines. La collation de ces Canonicats apartient au Pape, ou au Chapitre, chacun dans leurs mois.

Cette ville n'est ni marchande, ni fortifiée, & n'est riche qu'en monumens illustres, & en antiquités respectables. Les Curieux y verront le bourg d'*Elsen* au confluent de la riviere d'*Alme*, & de la *Lippe*, à une demie lieue de *Paderborn*. On remarque dans cet endroit une forteresse entierement ruinée, qui doit avoir été bâtie par *Drusus*, frere de l'Empereur *Tibere*, & pere de *Germanicus*, pour réduire plus aisément les *Sicambres*, l'an 742. de la fondation de *Rome*, & par conséquent peu d'années avant la naissance de *Jesus-Christ*. Il n'est pourtant
pas

pas bien clair que cette forteresfe fût bâtie à l'endroit où est à prefent le village d'*Elfen*, que l'on nomme aujourd'hui *Neuhaus*, & où les Evêques de *Paderborn* ont fait bâtir une citadelle qui n'est point forte, & un Palais fort irrégulier près du lieu où étoit anciennement le château.

Lipfpring, en Latin *Fontes Lupiæ*, petite ville à une lieue de *Paderborn*, près de la fource de la *Lippe*, n'est celèbre dans l'Hiftoire que par le féjour que *Tibere* y fit pendant tout un hiver, lorfqu'il faifoit la guerre au peuple des environs de ce Canton, & parceque *Charlemagne* obligea les *Saxons* d'y recevoir le baptême. On lit que ce Prince y tint trois affemblées.

Wintefeld, c'est-à-dire *Champ de la Victoire*, entre *Paderborn* &

& *Horn*, sera long-tems fameux par la deffaite de *Varus*. On y voit deux petites rivieres nommées *Rotenbeek*, & *Knockenbeek*, c'est-à-dire *Riviere Rouge*, & *Riviere d'Os*, parce que l'une eut ses eaux teintes du sang de ceux qui furent tués dans cette bataille, & l'autre fut remplie de leurs ossemens.

La forêt de *Teuteberg* dans le Comté de la *Lippe*, prend son nom de la montagne de *Teuteberg*, ou de la ville de *Dethmold*. Cet endroit est encore remarquable par la deffaite du reste des légions *Romaines*, & par la victoire que *Charlemagne* y remporta contre les *Saxons* en 783.

L'*Embs* que les *Allemands* nomment *Embspring*, a vu rougir ses eaux du sang des *Bructeres*, que *Drusus* attaqua, & batit sur les bords de cette riviere, qui se
perd

perd dans l'*Ocean*, après avoir arrofé plufieurs villes au fortir du *Sende*.

Le *Wefer* qui prend fa fource dans la *Franconie*, reçoit le *Dimel*, fur les confins de la *Weftphalie*, de la *Heffe*, & du Duché de *Brunfwick*. *Drufus* fut le premier des *Romains* qui aprocha de ce fleuve, pour combatre les *Cherufques*; mais au retour de cette expédition il fut rudement chargé par les *Sicambres*, près de la ville de *Horne*, à l'entrée de la forêt de *Dethmod*, où eft le château d'*Exterflein*, fur la fameufe montagne des *Pies*.

Ce doit être auprès de cette riviere que le fils de *Drufus* fe fignala dans une bataille contre *Arminius*, General des *Cherufques* en un champ apellé *Idiftafius*. L'Empereur *Charlemagne* s'eft auffi fait connoître fur le *Wefer* par de grands exploits. Les eaux de *Smetten* & de *Dribourg* sont médicinales, & font, dit-on, des effets merveilleux, pour la guerison de plusieurs maladies.

Le desert de *Sende* est celèbre par les malheurs de *Varus* & par les sources des rivieres d'*Embs* & de la *Lippe*, qui sortent de ses sables. Les Evêques de *Paderborn*, maîtres de ces deserts, les ont fait cultiver depuis quelque tems, & les ont peuplés de gens qui en prennent assez de soin.

Les habitans de ces differens Cantons sont sauvages, & d'une rusticité extraordinaire, mais infatigables, patients, & fideles à leurs Souverains.

Le Comté de la *Lippe*, situé vers la source de la riviere qui en porte le nom, & dont ces Comtes prennent le leur, est au dessus de l'Evéché de *Paderborn*, dans une situation avantageuse. Ces peuples sont dans la disette, parce qu'une longue paix leur est plus à charge qu'une guerre malheureuse. Ces Comtes de la *Lippe* sont des Seigneurs de la premiere qualité qui ne sont pas riches, mais d'un très grand crédit dans tout ce Canton, où leur nom est infiniment respecté.

Lippe, ou *Lipstad*, dont le Roi de *Prusse* est présentement en possession, est une longue & pauvre ville dans laquelle *Charlemagne* fit assembler en 780. un nombre de Prelats pour donner des Evêques aux *Saxons*, qu'il venoit de réduire. Cette ville aiant été hypothéquée il y a plusieurs siècles aux Comtes de la *Marck*, dont les Electeurs de *Brandebourg* sont les heritiers, a passé dans les domaines de ces Princes. Le dedans & les dehors de cette ville, qui n'est point fortifiée, ne meritent pas qu'on en parle exactement.

Les jardins de *Rietberg* font mieux entretenus que fon grand château, dont les avenues ne font deffendues que par quelques ouvrages de terre. Cette petite Souveraineté a paffé dans une autre Maifon par le mariage de la jeune Comteffe avec le Comte de *Caunitz*, dont le crédit eft confiderable à la Cour de *Vienne*.

La ville d'*Hildesheim*, dans la *Baffe-Saxe*, eft affez grande & peuplée à proportion de fa grandeur. L'Evêque en eft le Souverain, & ne s'avife pourtant point d'abufer de fon pouvoir, parce que les Ducs de *Brunswick* & de *Lunebourg*, toûjours prêts à la fecourir pour maintenir fes priviléges, ont attention que fon Prince Ecclefiaftique ne s'en rende

rende point absolument le maître.

Ce Diocese étoit plus étendu avant que les Ducs de *Brunswick* & de *Lunebourg* en eussent envahi une partie, qu'ils ont conservée depuis les guerres d'*Allemagne*. Le domaine de l'Evêque fait presentement un pays particulier, qui peut avoir environ dix ou douze lieues de longueur, entre le Duché de *Brunswick*, la Principauté d'*Halberstad*, & le Duché de *Lunebourg*.

Les Dames d'*Hildesheim* sont fort serieuses dans leurs assemblées; & si le vin du *Rhin* ne réveille point un peu leurs Chanoines, il n'y a pas à table & ailleurs une plus triste compagnie que celle de ces Abbés-là. On entre dans leur ville par un grand pont de bois, construit sur la riviere d'*Innerste*, dont les eaux remplissent le fossé. Cette vil-

ville fut fondée, selon les aparences, par *Louis* fils de l'Empereur *Charlemagne* & prit son nom d'une forêt voisine, que l'on appelloit *Hildes*. On montre dans la Cathédrale la statue d'une Idole qui étoit en grande veneration chez les anciens *Saxons*, & que l'on apelle *Immensul*, c'est-à-dire la *Colomne d'Arminius*, lequel n'est autre que celui qui surprit & defit les légions *Romaines*, commandées par *Varus*. On allume des cierges devant cette statue dans les grandes fêtes. Les *Catholiques* sont en possession de la Cathédrale & de six autres *Eglises*; & les *Lutheriens* sont aussi libres dans les leurs, qui ne sont point si belles que celle des Chartreux dont le Monastere est superbe. *Charlemagne* fonda à *Eltz* une petite Eglise que *Louis le Débonnaire* transfera à *Hildesheim*, qu'il érigea

érigea en Evéché, vers l'an 822. ce qui fut un des premiers monumens de la piété de ce Prince.

Minden, qui n'est ni belle ni opulente, fut prise en 1628. par le General Comte de *Tilli*, & son Evéché secularisé à la paix de *Westphalie*, pour être cédé à l'Electeur de *Brandebourg* avec ses dépendances. *Henri L'Oiseleur*, pere de l'Empereur *Othon I*. accorda de grands priviléges à cette Eglise, dont il fut le premier bienfaiteur. Cette ville n'a rien remarquable qu'un pont sur le *Weser*, & n'est pas en état de faire une longue resistance, outre qu'elle est commandée par plusieurs éminences. Ce Canton est plus dépeuplé que les plus miserables de la *Westphalie*, & les habitans extrêmement foulés sont tout à fait dans la disette.

Halberstad, Capitale d'une Principauté, dont les Evêques tenoient la Souveraineté de la liberalité de l'Empereur *Charlemagne*, n'est pas mieux fortifiée que ces dernieres villes. Cet Évêché fut sécularisé en 1648. par la paix d'*Osnabruk*, & cédé à l'Electeur de *Brandebourg*. Ce fut dans cette ville que *Charlemagne* fit un Recueil d'Ordonnances qui sont les *Capitulaires*. Elle est assez grande, & assez peuplée, parce que ceux des trois Communions y vivent dans une grande liberté, de même que dans tous les Etats du Roi de *Prusse*, où les *Romains* agissent envers les *Protestans* avec une intelligence convenable à ces deux partis, entre lesquels il n'y a presque plus de dispute, chacun croyant ce qu'il veut croire, sans s'inquiéter, ni prendre ombrage

brage de la croyance de son voisin.

Le premier Evêque d'*Halberstad* fut *Hildegrinus*, qui étoit pourvu depuis six ans de l'Evêché de *Châlons* en *Champagne*, lorsque l'Empereur l'engagea à quiter la *France*, pour venir travailler à la conversion des *Saxons*, avec St. *Ludgerus* son frere. Cette Cáthédrale a St. *Etienne* pour Patron, ainsi que celle de *Mets* en *Lorraine*. Ces deux Eglises étoient autrefois si étroitement unies, par les liens de la fraternité & de la charité, que les Chanoines qui passoient d'une Eglise à l'autre, recevoient les mêmes revenus ; & s'il fut arrivé que l'un des Evêques de ces deux siéges eût été contraint d'abandonner son Evéché, l'autre étoit dans l'obligation de le recevoir, de le loger dans son Palais, & de lui faire un traitement

ment égal au sien, jusqu'à ce qu'il fût remis sur son siége Episcopal. Toutes ces conditions se trouvent stipulées dans une transaction que le bienheureux *Théodoric*, Evêque de *Mets*, passa avec *Hildeward*, Evêque d'*Halberstad*. Cette pièce est dans son entier, & se lit dans le chartrier de cette Cathédrale.

Tous les successeurs d'*Hildeward* ne furent point si zelés que ce bon Prelat, & l'on ne dit point que *Christian* de *Brunswick*, lequel eut tant de part aux guerres d'*Allemagne*, ait passé de pareilles transactions. On raconte que ce Prince, fort affectionné à *Frederic* V. Electeur *Palatin*, élu Roi de *Boheme*, & peut-être autant à la Reine sa femme, portoit un des gands de cette Princesse, attaché à son chapeau, pour marque des services qu'il s'étoit engagé à lui ren-

rendre. Ces entreprises attirerent chez lui le General *Tilli* qui le defit entierement. On sait encore que ce même Prelat étant éperdument amoureux d'une fille de qualité, en plaça le portrait dans la Chapelle d'une Collégiale de *Halle* en *Basse-Saxe*, & que ceux qui ne sont pas informés de ce trait de galanterie, l'y honnorerent du culte que l'on croit pouvoir rendre aux images.

Le commerce languit beaucoup à *Halberstad*. Ceux du pays y boivent à longs traits d'une bierre blanche, qui est assez fraiche, & les petits Marchands de toile en tirent une quantité qu'ils débitent le mieux qu'ils peuvent. La Campagne est assez agréable, & assez variée, & la route d'*Halberstad* à *Magdebourg* est fort divertissante. On rencontre sans trop
s'é-

s'éloigner du grand chemin plusieurs Monasteres d'hommes & de filles, assez bien fondés, mais fort mal gouvernés: & l'on va par curiosité visiter le village de *Stroepk*, où les paysans sont fort exercés au jeu des échecs.

Tout cela iroit fort bien, si l'on voyageoit en caméléon; car pour ceux qui veulent se delasser dans de bons lits, & qui cherchent une subsistance delicate, ne doivent pas esperer d'en trouver en *Westphalie*, où les cabarets, ordinairement fort dépourvus, ne le cèdent point en malpropreté aux plus chers de l'*Espagne*.

La *Westphalie* est un grand pays d'*Allemagne*, dont une infinité de grands & de petits Souverains sont en possession; & quoi qu'ils relèvent immédiatement de l'*Empereur*, & qu'un Sujet puisse apeller de leurs jugemens,

gemens, & se plaindre de leurs traitemens à Sa Majesté Imperiale, tous ces Princes ne laissent point d'en user despotiquement.

Magdebourg, peu connue dans l'Histoire *Romaine*, quoi que ses habitans prétendent avoir pour Fondateur *Jules Cesar* ou *Drusus*, tire son nom de la Déesse *Venus*, qu'on y adoroit sous le nom de *Magada*, dans un Temple, dont on ne trouve plus que la situation. Cette ville s'est rendue celèbre par ses malheurs, qui ne l'ont abandonnée que depuis qu'elle a passé sous la domination des Rois de *Prusse*. Elle doit à l'Imperatrice *Ægitte*, épouse d'*Othon le Grand*, sa premiere splendeur, dont les *Polonois*, qui la brulerent ensuite, ne laisserent aucune marque. Les *Saxons* ne l'ont pas plus épargnée que d'autres peu-

peuples qui l'ont tant de fois faccagée ; & dans ces derniers tems les troupes du Comte de *Tilli* y commirent des cruautés dont le souvenir fait horreur. Mais tous ces ravages sont réparés, & cette ville est plus grande & plus belle qu'elle n'a jamais été. Elle est parfaitement & très régulierement fortifiée par les soins du Colonel *Walrave*, homme hardi & heureux ; & cette Place qui semble en imposer à une grande partie de l'*Allemagne*, ne craindroit pas les efforts de l'Armée la plus puissante, pourvu qu'elle ne fût point affamée, & que sa garnison fût assez forte pour pouvoir defendre ses dehors, qui sont d'une très vaste étendue. Cette Place située au milieu d'une agréable & fertile plaine, est bâtie sur les bords de la rive gauche de l'*Elbe*, que l'on passe

sur

sur un grand pont de bois qui conduit à la citadelle, dont le Commandant fait fort bien les honneurs.

Dans le tems du *Paganisme* les faux Dieux étoient seuls adorés dans cette ville, où *Mars* avoit un Temple, comme la mere de l'Amour. L'un & l'autre furent détruits par le zele de l'Empereur *Charlemagne*, qui brisa tous les Idoles des *Saxons*, avant que de leur faire embrasser la Religion *Chrétienne*. Un Auteur remarque à cette occasion, que ces peuples ne regretterent plus l'ancien culte, quand ils virent que l'on substituoit à la place de leurs Divinités les plus cheres, tant de differentes figures de beaux Saints, & de belles Saintes.

Un Moine *Dominiquain*, nommé *Tetzel*, prêchoit en *Saxe* en faveur des Indulgences, dans
le

le tems que *Martin Luther* en censuroit les abus. Ce Reformateur aïant apris que le négoce de ce Marchand d'Indulgences fleurissoit à *Magdebourg*, s'y rendit peu de tems après, y précha sa doctrine, établit la nécessité de la Reformation, & sépara de la Communion *Romaine* la plus grande partie des habitans de cette ville, dans laquelle les plus purs *Protestans* font publiquement leurs exercices, comme les *Romains* le peuvent faire dans la ville-neuve, où ils ont un Couvent de *Bernadines* aussi mal gouverné que tous ceux que ce Duché renferme.

 L'Eglise Cathédrale, dédiée à *St. Maurice*, est un assez beau bâtiment. C'est un édifice *Gothique*, qui par la liberalité d'un berger fut poussé à la hauteur du cordon qui l'environne, & au-dessus

deſſus duquel on voit en pierre la figure de ce bienfaiteur, accompagné de ſes chiens. Le maitre-autel de cette Egliſe eſt d'une ſeule pièce de porphyre fort eſtimée, laquelle lui fut donnée par l'Archevêque *Théodoric*, qui conſacra ce Temple en preſence de quantité de Princes & de Prelats. Le Clergé & le Senat aſſiſterent auſſi à cette ceremonie, après laquelle toute l'Aſſemblée fut magnifiquement régalée dans le Palais Archiépiſcopal. Le Prince d'*Anhalt*, en qualité de grand Ecuyer tranchant de l'Archevêque, porta le premier plat ſur la table, & le Duc de *Brunswick* y fit les fonctions de grand Echanſon, en preſentant la coupe au Prelat, qui pendant quatre jours donna des bals, des tournois, & autres divertiſſemens, dans leſquels

quels rien ne fut épargné. On voit dans une Chapelle qui est à l'entrée de cette Cathédrale, le mausolée de l'Archevêque *Ernest* de *Saxe*. Ce Prince y est representé en bronze, étendu sur un lit de même métal, & ce magnifique tombeau est chargé de quantité de figures, & d'écussons.

L'Empereur *Othon*, & l'Imperatrice *Ægite*, furent enterrés avec moins de dépense. Le premier repose à l'entrée du Chœur, & l'autre à l'extremité. On fait remarquer aux Etrangers deux statues de la Sainte Vierge, qui disoient & faisoient bien des merveilles, avant que cette Eglise se brouillat avec *Rome*. Elles ne se mêlent plus de rien depuis cette époque.

Le tresor de cette Cathédrale n'est point brillant, mais en revanche il est bien respectable. On
y

y conserve une mule de la Sainte Vierge, qu'elle doit avoir perdue sur les montagnes de *Galilée* : l'échelle sur laquelle le coq chanta, après le renîment de *St. Pierre* ; une lanterne de *Judas*, & plusieurs autres choses de cette nature, aussi croyables que l'histoire qu'on raporte, à l'occasion d'une pierre ronde, d'un marbre veiné de rouge. On raconte que *St. Maurice* coupa la tête sur cette pierre à l'Archevêque *Udo*, pour mettre fin à sa vie deréglée ; & on ajoûte gravement, que cette exécution se fit en presence de la mere du fils de Dieu, des Apôtres *St. Pierre* & *St. Paul*, & de l'Archange *St. Michel*. On embellit ce conte pieux de quelques autres circonstances aussi fabuleuses, puisqu'il n'est point monté sur le siége Archiépiscopal aucun Prela qui se soit apellé *Udo*,

Udo, ni *Udon*, noms inventés à plaisir comme tout le reste de ce qu'on en veut faire accroire.

L'Eglise & le Couvent de *Notre-Dame* furent bâtis, & fondés par *Gero*, & enrichis dans la suite par l'Archevêque *Norbert*, qui en chassa les premiers Religieux, à cause de leur libertinage, & mit à leur place des Chanoines réguliers d'un Ordre dont il étoit le fondateur. Ce Prelat étoit le fils d'un homme de qualité, & avoit été élevé à la Cour de l'Empereur *Lothaire*. *Norbert* s'étant retiré de bonne foi du monde, fut pourvu malgré lui de cet Archévéché, qu'il gouverna plus en Apôtre qu'en politique habile. Le bon Prelat, à la persuasion de *St. Bernard*, prêcha l'arrivée de l'Ante-Christ, & inspira la crainte du jugement dernier à quantité de Seigneurs, qui ne me-

menoient point une vie fort régulière, & qui se croyant à la fin du monde, ne s'embarasserent plus de leurs familles, & fonderent, en expiation de leurs crimes, la plus grande partie des Abbayes dont jouissent les *Premontrés* & les *Bernardins*. *Norbert* suivit l'Empereur *Lothaire* en *Italie*, en qualité de Chancellier. Il obtint dans ce voyage une bulle du Pape *Innocent II.* qui confirme à l'Eglise de *Magdebourg* toutes ses prerogatives, principalement la primatie sur toutes celles de la *Basse-Saxe*. Peu de tems après son retour, ce Prelat mourut comme il avoit vécu, c'est à dire fort saintement. Son corps fut enseveli dans l'Eglise de *Notre-Dame*, malgré les fortes opositions des Chanoines de la Cathédrale, & fut reclamé, il y a cent ans, par les *Premontrés*
de

de l'Abbaye de *Prague*, qui s'étant assurés d'une protection auguste, firent le voyage de *Magdebourg*, pour y faire l'inventaire d'un Tombeau, dont ils emporterent les cendres avec beaucoup de respect & de dépense. Depuis il les placerent solemnellement dans leur Eglise en *Boheme*, où l'on ne cesse de les aller visiter; mais on se desabusera de ce pelerinage, quand on sera bien informé, que le corps de *Norbert* est toujours dans sa même Eglise de *Notre-Dame* à *Magdebourg*, & que par adresse ou par une méprise, dont on ne s'est aperçu que depuis quatre ans, les cendres d'un Archevêque dont la vie & la mort n'ont pas été fort édifiantes, ont été substituées à celles que l'on venoit ramasser avec tant de pompe & de confiance.

Le nouvel Arsenal que l'on a bâti

bâti depuis peu dans la place qui est vis-à-vis de la Cathédrale, pouroit bien, quoique des plus beaux, ne point durer autant que la statue équestre de l'Empereur *Othon* qui fut élevée en 973. & que l'on conserve dans la place du marché.

Cette ville a un Port sur l'*Elbe* qui lui aporte des vins & des eaux-de-vie, & le commerce, sans y être fort échauffé, s'y soutient doucement par le négoce des grains, dont les plaines des environs fournissent une grande abondance.

Les manufactures des draps s'y soutiennent aussi, mais avec moins de réputation que celles des bas d'estam, qui font subsister un très grand nombre de pauvres Refugiés *François*.

Les troupes de *Prusse* sont aussi belles, & aussi complettes qu'on en puisse voir, & ont l'avantage

vantage d'être remplies d'une grande quantité de Noblesse. Celle de la *Basse-Saxe* est des plus épurées, & des plus anciennes; & rien en ce pays-là n'est au dessus des Maisons de *Schulembourg*, d'*Assebourg*, de *Bothmar*, de *Spiegel*, & de quelques autres qui puisent leur origine dans des sources bien claires, quoique fort éloignées de notre siècle.

Rathnau est un petit bourg à deux lieues de *Magdebourg*, où l'on voit la place d'un Fort que le fameux *Vitikin* y avoit fait construire du tems de *Charlemagne*. Pour se rendre de la ville à ce petit bourg, on traverse la belle & immense prairie de *Rotensé*. Le château de *Honsbourg*, & les jardins du Comte d'*Alversleben* qui vient d'épouser une jeune Comtesse de *Schulembourg*, ont l'aprobation de tous les connoisseurs.

CHAPITRE IV.

De la Basse-Saxe, *qui comprend les Duchés de* Brunswick, *de* Lunebourg, *de* Magdebourg, *de* Bremen, *de* Meckelbourg, *d'*Holsace, *& de* Lawembourg, *les Principautés de* Ferden, *& d'*Halberstad. *Remarques sur le genie de ces differens peuples, leur origine, leurs révolutions, leurs forces, & leurs coutumes.*

LES routes de ce pays font assurées, & le prix des voitures y est réglé par la police de chaque Etat. Ces peuples naturellement guerriers, sobres, patiens, économes, mais d'une fierté dangereuse quand on les provoque, sont *Lutheriens*. Mais ils ne haïssent absolument que les malhonnêtes gens; & comme ils ne s'embarassent que de leurs propres affaires, toutes les religions y jouissent d'une égale liberté, & les *Piétistes* s'y multiplient pour le moins autant que dans la Suisse.

Ceux de cette nouvelle secte vivent dans une espèce de société, sans se connoître la plupart que par relation. Ils ne forment aucun corps, & sont dispersés en diferentes parties de l'*Europe*, se contentant de suivre leurs opinions, sans en faire profession publique. Ils ne parlent desavantageusement de personne, & ne condamnent pas même les sentimens oposés à leurs principes. Les Savans de cette religion ne
fré-

fréquentent point les Eglises, & ne croyent pas les Sacremens nécessaires. Il se peut qu'ils lisent la Sainte Ecriture, mais ordinairement on ne trouve chez eux que les Ouvrages des plus saints Contemplatifs de la *Thébaïde*, avec ceux de *Ste. Therese*, les *Maximes des Saints*, & autres Livres composés par feu Mr. de *Fenelon*, Archevêque de *Cambrai*. Ils suivent le décalogue à la lettre, donnent tout au merite des œuvres, & connoissent aussi peu le péché originel, que tous ces dégrés de grace que les *Molinistes* détaillent dans leur système.

L'Elbe est la plus celèbre des rivieres qui arrosent la *Haute* & *Basse-Saxe*. Elle reçoit dans la *Boheme* les eaux de la *Molde* & de l'*Egra*, & va perdre les siennes dans la mer d'*Allemagne*, au sortir des villes de *Dresde*, de

Torgaw, de *Wittemberg*, de *Def-seau*, de *Magdebourg*, de *Hambourg*, & de *Gluckstadt*.

Le Duché de *Brunswick* est entre les Evêchés d'*Halberstad* & d'*Hildesheim*, le *Lunebourg*, & la *Westphalie*. Ce pays est beau & fertile. On y trouve des mines, beaucoup de gibier, & quantité de grains. Il est arrosé par plusieurs rivieres dont le *Veser* est la principale. On y rencontre de bonnes sources, de grandes forêts, & tout ce qui peut contribuer à la douceur de la vie. Ces peuples, qui ne sont point farouches, ni durs aux Étrangers, aiment beaucoup la biere amere, & la viande salée.

Les Princes de *Brunswick*, qui ne vont point chercher dans la fable l'origine de leur auguste Maison, la trouvent, sans la moindre difficulté, dans *Azo d'Est* Marquis de *Toscane*, & Vicaire

caire de l'Empire en *Italie*, vers l'an 960. dont la famille fortoit des premiers Rois d'*Albe*. *Guelphe I.* descendu d'*Azo*, reçut l'investiture de la *Baviere* de l'Empereur *Henri IV.*, mais le Prince *Henri*, petit-Fils de ce *Guelphe*, perdit les bonnes graces de l'Empereur *Fréderic*, surnommé *Barberousse*, qui le dépouilla de la *Baviere*, & de la *Saxe*; ce qui l'obligea de se retirer auprès d'*Henri III.* Roi d'*Angleterre*, dont il avoit épousé la fille: & il obtint par l'entremise du Roi son beau-pere, les Comtés de *Brunswick*, & de *Lunebourg*. Ce Prince *Henri*, qui mourut en 1195. laiffa *Othon IV.* Electeur *Palatin* du *Rhin*, par sa femme *Agnes*, lequel *Othon* fut Empereur, & érigea en Duchés les Comtés de *Brunswick*, auxquels succéderent les enfans de *Guillaume* son frere. *Fréderic*

deric de *Brunswick*, qui fut assassiné en 1400 par un Comte de *Valdeck*, après avoir été élevé à la dignité Imperiale, mourut aussi sans enfans; mais ceux de *Bernard II.* son frere, se sont successivement perpétués, & le Duc *Bernard* fut pere de ce pieux *Frèderic*, duquel est descendu en ligne directe *George* Electeur d'*Hanover*, dont le fils occupe glorieusement aujourd'hui le trône d'*Angleterre*.

La plupart des Princes d'*Allemagne* ne portent point les armes de leurs Maisons, mais des Duchés dont ils se trouvent en possession, témoin l'Electeur de *Saxe*, descendu de *Vitikind*, dont l'écusson n'étoit chargé que d'un Cheval noir, qui devint blanc après son baptême. Cet Electeur, dis-je, à la place des armes du Chef de son illustre nom, porte celles des anciens Comtes de *Ballangsted*, ou d'*Aslagnie*, qui, posséderent longtems ce Duché.

La ville de *Brunswick*, Capitale de ce Duché, fut bâtie par *Alfonse* Duc de *Saxe*, augmentée & embellie par l'Empereur *Henri l'Oiseleur*. La riviere de l'*Ocker* qui la sépare en deux, s'y divise en differens canaux, après avoir rempli les fossés de la ville, dont les habitans n'ont pas toujours été d'accord avec leurs Souverains. On y voit plusieurs belles places, de jolies maisons, moins grandes que celle de la ville, & des Eglises dont les *Lutheriens* prennent beaucoup de soin. On y fait bonne chere, & à fort grand marché, & les divertissemens s'y présentent en foule dans le tems de la foire, où les plus grands Seigneurs du pays ne manquent point de se trouver.

La ville de *Wittemberg* bâtie sur l'*Elbe*, ne se soutient que par son Université. C'est de là que le celèbre *Martin Luther* qui en étoit Membre, communiqua sa doctrine à plusieurs Etats d'*Allemagne*, dans lesquels ce Docteur prêcha la nécessité de la reformation : ce que les premiers Princes du Nord apuyerent de toutes leurs forces.

Les *Lutheriens*, qui ont souscrit à la Confession d'*Ausbourg*, & presque tous les autres, ne se distinguent des *Protestans* que par la difference de leurs expressions, dont le sens se raporte aux sentimens de ces derniers. Ainsi les personnes les mieux instruites de ces deux Communions ne doivent avoir qu'une même foi, convenant des mêmes principes.

Le Duché de *Lunebourg*, qui est entre l'*Holsace*, le *Brandebourg*, le pays de *Brunswick*, & la *Westphalie*, est fort peuplé, & bien fertile. La Capitale est renom-

renommée par ses fontaines salées, & par un beau Chapitre de Chanoinesses *Lutheriennes*, situé aux portes de cette ville. Mr. de *St. Laurent* qui en est Gouverneur, est un Gentilhomme qui s'est retiré de *France*, par zele de religion, & qui s'est acquis de la réputation parmi les troupes d'*Hanover*, dans lesquelles il sert en qualité de Lieutenant-General.

Zell qui est la principale ville de ce Duché, est la plus jolie du pays. Elle est heureusement située, bien bâtie, environnée de belles promenades, & d'une Campagne charmante. L'air & tout ce qui sert à l'usage de la vie, y est bon. On y trouve de la compagnie, & de riches maisons dans lesquelles un Etranger bien né est agréablement reçu; mais les *Allemands* veulent qu'un homme ait de la naissance, & s'attachent plus au nom, & au caractere d'une personne, qu'à tout autre chose.

Le pays d'*Hannover* n'est pas moins bon que les autres qui apartiennent aux Princes de cette Maison. Sa Capitale qui retient son nom, est assez grande, & bien peuplée. Les habitans, qui sont riches, vivent fort à leur aise, & sont de fort bonnes gens. Cette ville est considerable par son commerce. On y trouve de belles maisons qui n'aprochent pourtant point de celle du Comte de *Kilmansec*, qui est magnifiquement bâtie. Les autres villes de cet Electorat ne sont ni pauvres, ni mal peuplées, sans être aussi connues que la principale. La Noblesse & le peuple adorent leurs Souverains, qui les gouvernent avec un esprit de justice & de bonté, lequel
coule

coule dans le sang de tous leurs Princes.

La ville Imperiale & Anséatique de *Hambourg*, que les eaux de l'*Elbe* arrosent, est située dans le Duché de *Holstein*, & doit sa naissance à des pêcheurs, dont les enfans furent dans la suite de puissans Négocians. Les Archévêques de *Bremen* en ont été les maîtres, avant quelques Seigneurs particuliers, qui la céderent aux Ducs de *Holstein*, dont cette République trouva le moyen de se dégager, en faisant quelque reconnoissance au Roi de *Dannemarc*. Ce Prince, malgré la protection Imperiale, en tire de tems en tems des contributions, qui ne plaisent point à des habitans riches, entendus dans le négoce, laborieux, sôbres, & si prudens, qu'ils ne font guere de fausses démarches. L'Empereur & les Rois d'*An-gleterre*,

gleterre, de *France*, d'*Espagne*, de *Suède*, & de *Prusse*, y tiennent un Resident de leur part, qui y font de la dépense: ce qui augmente la bonne compagnie de cette ville, où l'on trouve des Assemblées réglées, une belle sale d'Opera, du jeu, des spectacles, de bons traiteurs, & une cave fameuse, qui pouroit fournir du vin à tous les pays du Nord.

Toutes les religions y sont tolerées, mais les *Lutheriens* ont seuls le libre exercice de la leur, les *Protestans* étant obligés de se servir de l'Eglise d'*Altena*, gros bourg bâti à un Mille de cette ville, sur les terres de *Dannemarc*, & dans lequel ceux dont les affaires ne sont pas bien nettes vont se refugier.

Cette République entretient des troupes bien disciplinées, sous les ordres d'un Commandant

dant General, qui ne peut rien faire de son chef. Le Conseil de ville confia ce poste, il y a trois ans, à M. d'*Alfendeil*, Lieutenant General dans les troupes de *Suède*, dont le fils qui est fort aimable, a l'honneur d'être auprès du Prince Royal d'*Hannover*.

Hambourg, qui est la seconde ville de la *Hanse Vandalique*, est forte & bien peuplée, fort policée, très libre, & opulente par le transport des marchandises de l'*Océan* dans la mer *Baltique*. On remarque dans la grande Eglise de *Ste. Catherine* une chaire d'albâtre, & des ornemens d'or, d'un travail qui n'est pas commun.

Les environs de cette ville sont enchantés, & d'une grande étendue. Les maisons de Campagne des principaux du pays,

meu-

meublées d'un goût qui répond à la beauté de leurs vastes jardins, attirent la curiosité des Etrangers, qui ne sont jamais trop long-tems dans ces délicieuses habitations, dont ils sont beaucoup plus touchés que des Palais de plaisance des Seigneurs les plus puissans de l'*Italie*.

C'est chez la Comtesse de *Vander Nath*, veuve du Comte de *Bielk*, & chez Madame *Rank*, femme d'un General *Suédois*, que l'on s'assemble & que l'on soupe agréablement, de même que chez Mr. *Weitch*, Resident d'*Angleterre*, qui a pour épouse une des plus belles Dames du *Nord*.

Le Sieur *Etienne* qui a de la probité & de la politesse, tient une boutique bien fournie, & toujours pourvue des meilleurs Livres, & des plus nouveaux qui

qui s'impriment. Il est fort accommodant, & se contente d'un profit modique.

Au surplus on vit comme on veut à *Hambourg*; & avec un certain bien on y goute plus d'agrémens, ou tout au moins les mêmes que l'on ne trouve que cherement ailleurs.

Le bourg d'*Altena*, joliment situé, & nouvellement bâti, est rempli d'habitans, qui y subsistent commodément, & qui ne s'accommodent point mal avec les *Danois*, peuples sortis, à ce qu'ils prétendent, des anciens *Cimbres*. Le pays de *Holstein* est compris aujourd'hui dans le *Dannemarc*, parce qu'une partie apartient à S. M. *Danoise*, & l'autre au Duc qui en porte le nom. Ce Duché a celui de *Lawembourg*, & la mer *Baltique* au Levant, la mer *Germanique* au Couchant, le Duché de *Sleswick*

wick au Septentrion, & au Midi l'*Elbe*, qui le sépare des Duchés de *Bremen*, & de *Lunebourg*. *Fréderic* Duc de *Holstein*, fit bâtir *Fredericstad*, sur l'*Eyder*, dans le dessein d'y établir le commerce des soyes: c'est à cette occasion qu'il envoya en 1633. une celèbre ambassade en *Perse* & en *Moscovie*.

Le *Holstein* est arrosé de plusieurs rivieres, & sa principale ville dont le commerce consiste dans la pêche, & au transport des denrées, est *Kiel*, située près du Port de *Christianpres* sur la mer *Baltique*.

On prétend que la Maison de *Holstein* descend comme celle de *Saxe*, du fameux *Witikind*, qui fut le cinquieme ayeul de *Sigefroy*, Comte d'*Oldembourg*. Une branche collaterale de la Maison de ce Comte occupe le trône de *Dannemarc*, dont le premier Roi

Roi de cette famille fut *Chris-tian*, si recommendable par ses vertus, lequel fut élu après *Christophle de Baviere* en 1474.

Lubeck, qui n'étoit qu'un bourg, qu' *Adolphe*, Comte d'*Holsace*, bâtit du tems de l'Empereur *Conrad III.* est Imperiale, & Capitale des autres villes Anséatiques. Celle-ci secoua le joug des *Danois*, vers l'an 1209. & se mit sous la protection de l'Empereur *Fréderic II.*: ce qui ne la garentit point d'un incendie, qui la réduisit en cendres en 1238. Ses habitans la rétablirent, & furent obligés de faire une alliance avec les *Suédois*, pour defendre leur liberté par les armes, contre le Roi de *Dannemarc*. Ils ne perdirent rien dans cette guerre, & engagerent l'Empereur *Charles Quint*, moyennant un present de la somme de cent mille écus, de confirmer

firmer leurs meilleurs priviléges, dont ils sont extrêmement jaloux. On trouve des Marchands de toutes les parties du Monde dans cette ville, qui se gouverne en République. Elle a fait une alliance très étroite avec les Etats Generaux, qui la comprirent dans le 72. article de la paix avec l'*Espagne*, signée en 1648. Elle tire de grands avantages de sa situation, qui est à deux lieues de la mer *Baltique*; & la riviere de *Trave* qui la traverse, & qui lui sert de glacis, porte ses plus gros Vaisseaux jusqu'à *Travemund*, qui est un Port maritime. Cette ville est grande, fort commerçante, & peuplée de gens très attachés à leur religion, qui est la *Lutherienne*. Ces Négotians n'ont jamais de difficultés avec leurs Correspondans, & sont d'un accès dont les Etrangers se louent beaucoup. Leur Evêque est

est actuellement un jeune Prince de la Maison de *Holstein*, qui fait sa residence ordinaire à *Eutin*. Son Chapitre est composé de douze Chanoines, dont les benefices qui raportent trois mille écus d'*Allemagne*, sont heréditaires ; mais la dignité Episcopale est en quelque maniere élective.

Bremen sur le *Weser*, dont ce Duché a pris le nom, est une des plus celèbres des villes Anséatiques de la *Basse-Saxe*. Elle est très ancienne, & beaucoup de gens la prennent pour le *Phabiranum* de *Ptolomée*. *Charlemagne* y fonda un Archevêché en 788. qui fut sécularisé à la paix de *Westphalie*, par laquelle ce Duché fut cédé au Roi de *Suède*, dont un des Successeurs s'en est accommodé avec Sa Majesté *Britannique*, Electeur d'*Hanover*.

C'est

C'est ce qui cause presentement quelque froideur entre la Cour d'*Angleterre*, & celle de *Russie*, l'Imperatrice témoignant vouloir prendre le parti de son gendre le Duc de *Holstein*, qui s'opose à cette cession comme heritier de la Couronne de *Suède*, sur laquelle ce Prince prétend avoir autant de droits, que sur le Duché de *Gottorp*, dont le Roi de *Dannemarc* s'est mis en possession.

Le *Weser*, après avoir reçu les eaux de l'*Embs*, divise la ville de *Bremen* en deux parties également fortes: l'une s'apelle la *Ville-Neuve*, & l'autre la *Vieille*. Cette derniere est située sur une presqu'Isle, que defend un château qui pouroit être de resistance, si on le fortifioit un peu plus régulierement, & qu'on y pratiquât des souterrains à l'épreuve des bom-

bombes. On y passe sur des ponts qui font la communication de ces deux villes. Le plus grand a une machine dont l'invention est singuliere. Elle sert, à puiser l'eau, qu'elle distribue ensuite dans les differens quartiers de *Bremen*.

La *Vieille-Ville* a de grandes rues dont le pavé n'est point commode. Elles aboutissent à une place fort commune, où l'on voit la statue de l'Empereur *Charlemagne*. Cette place n'est pas éloignée de l'ancienne Eglise, & de la maison de ville, qui n'a rien de fort remarquable que son ancienneté.

L'Arcenal de la *Ville-Neuve* n'est point si bien entretenu que ses Colléges & ses Hopitaux. D'ailleurs *Bremen* qui commerce beaucoup en toiles, & dont la bierre est en réputation dans toute l'*Allemagne*, est située à quin-

quinze lieues de *Hambourg*, à dix d'*Oldembourg*, & à vingt de l'embouchure du *Weser*.

Plusieurs villes de la *Basse-Allemagne* conservent encore le nom de villes Anséatiques; mais pour la plupart c'est plûtôt un titre dont elles veulent s'honorer qu'une preuve qu'elles continuent de faire leur commerce, sous les loix & la protection de l'ancienne alliance, n'y aïant plus que *Lubeck*, *Hambourg*, *Bremen*, & quatre ou cinq autres, qui soient veritablement Anséatiques, & dont les Députés se trouvent aux assemblées, soit ordinaires, soit extraordinaires, qui se tiennent pour l'interêt commun de l'association.

Le plus grand commerce de ces villes consiste en toiles, en fourures qui leur viennent de la mer *Baltique*, en caffé, en vins, & en eaux-de-vie.

Caf-

Caſſel, ou *Keſſel*, que pluſieurs prennent pour l'*Eſtercontium* de *Ptolomée*, eſt la Capitale du Landgraviat de *Heſſe*. Elle eſt ſituée ſur la riviere de *Fulde*, entre *Marpurg* & *Paderborn*, avec une citadelle qui eſt aſſez bonne, & quelques ouvrages qui peuvent éloigner ſes ennemis du corps de la place, dans les commencemens d'un ſiége. On y vit tranquilement ſous la domination d'un Souverain, qui protége très genereuſement les Etrangers. Le Palais de ce Prince, qui peut en tems de guerre contenir trente mille hommes, n'eſt pas digne de lui; mais les bâtimens, & les jardins de ſa nouvelle maiſon de plaiſance flatent beaucoup la vue, & invitent les Etrangers à les aller viſiter.

Marpurg, qui étoit autrefois Capitale du premier Landgraviat, eſt en partie ſituée ſur une hauteur

teur qui pouroit être long-tems disputée, si elle étoit fortifiée. Le bas de cette ville est très amusant, & merite d'être vu.

Le pays de *Hesse* comprend en general la *Veteravie*, les Comtés de *Nassau*, de *Solms*, & de *Hanau*, l'Abbaye de *Fulde*, & plusieurs villes Imperiales. Tout ce pays a la *Haute-Saxe* à l'Orient, la *Westphalie* au Septentrion, la *Franconie*, & l'Archevêché de *Mayence* au Midi, & les Etats de *Treves*, de *Cologne*, & le Duché de *Berg* au Couchant. Mais la *Hesse* en particulier a des bornes plus reserrées, & fut divisée sur la fin du XVI. siècle en trois parties, qui apartiennent à deux Princes souverains de cette Maison. *Marpurg* étoit la Capitale du premier Landgraviat, comme *Cassel* l'est du second. Ses habitans presque tous *Protestans*, sont bons Soldats, laborieux

borieux & fort adroits. Quoi que le pays soit couvert de montagnes, il est fertile en grains & en vins, que l'on recueille du côté du *Rhin*, & on y fait un grand trafic de laines.

La Maison de *Hesse*, qui descend visiblement des premiers Comtes de *Brabant*, est une des plus respectables de l'*Allemagne*, tant par son ancienneté, que par les grands hommes qui en sont sortis. On voyage commodément de *Cassel* à *Francfort* sur le *Mein*, les chemins de cette route étant surs & bien entretenus. L'on y trouve des cabarêts qui ne sont ni chers, ni dépourvus de vivres.

Francfort que sa riviere divise en deux parties, est une des plus grandes de la *Franconie*, & se trouve située dans le diocese de *Mayence*. C'est où se fait l'élection des Empereurs depuis la
F bulle

bulle d'or, qui est cette fameuse Constitution, que fit faire à ce sujet l'Empereur *Charles IV.* On croit que cette ville tire son nom des *François*, qui en faisoient leur passage même avant le VI. siècle, & que *Charlemagne* l'augmenta, après y avoir deffait les *Saxons*, sur les bords du *Mein*. Ses édifices les plus considerables sont l'Eglise de *St. Barthelemi*, que l'on dit être un ouvrage du Roi *Pepin*; la Maison de ville, où l'on conserve la bulle d'or, & le Palais Imperial. L'Empereur doit être élu dans cette ville, où la plus grande partie des maisons sont bâties de bois, couvertes de plâtre, & peintes par le dehors. Les deux celèbres foires qui s'y tiennent, l'une dans le printems, & l'autre en automne, y entretiennent le commerce; mais celui des Livres qu'on y imprime, & qu'on y débitoit avant que les

Hol-

Hollandois se mêlassent de ce négole, étoit plus considerable il y a vingt ans qu'il ne l'est aujourd'hui. L'Empereur *Maximilien I.* qui y tint la diette en 1495. y établit la Chambre Imperiale. L'Empereur régnant a donné une grosse somme pour y bâtir un Couvent de *Capucins*, qui ressemble plus à une riche Abbaye de *Bénédictins*, qu'à une maison de Religieux mandians. Les *Carmes*, & les *Jacobins* y sont bien établis. Les premiers se promenent tranquilement dans leur cloître, qui est parfaitement beau, & les autres qui vendent du vin en détail, ont fait de leur jardin une taverne publique. Depuis que cette ville a recouvré sa liberté, son gouvernement est tout à fait républiquain, & les Consuls, les Senateurs, & les Echevins élus par les Corps de métiers, y ont la direction absolue de toutes les affaires. On trouve quantité de *Juifs* dans cette espèce de République. Les *Reformés* sont obligés de faire leurs exercices de Religion dans une Eglise de la campagne, où l'on ne va point trop commodément en hiver, sur tout ceux qui n'ont pas de voiture. L'Empereur *Charlemagne* fit assembler le premier Concile de *Francfort*, dans lequel il s'expliqua savament contre les erreurs de plusieurs Evêques *Espagnols*, dont les sentimens sur l'essence de *Jesus-Christ* n'étoient pas trop orthodoxes.

Aschaffembourg, petite ville située aussi sur le *Mein*, à sept lieues au dessus de *Francfort*, n'a rien de remarquable qu'un beau château quarré sur le bord de la riviere. Ce château, qui étoit autrefois la résidence de l'Electeur de *Mayence*, lorsqu'il venoit

noit passer quelque tems dans cette ville, est à présent comme abandonné. La cave qui règne tout à l'entour, au dessous des quatre faces du bâtiment, merite d'être vue, quand ce ne seroit que pour une ceremonie badine que je vais raconter. On sait que c'est l'usage dans toute l'*Allemagne* de ne point fraper contre les tonneaux, comme on fait, lorsqu'on veut savoir s'ils sont pleins ou non ; ou qu'autrement on est sujet à une peine qu'impose le maître de la cave : peine légere qui consiste ou à boire quelques rasades, ou à distribuer quelque argent. Tous ceux qui voyagent en *Allemagne* savent cette particularité ; mais à moins qu'ils ne soient avertis d'avance, il est presque impossible que dans la cave du château d'*Aschaffembourg* ils ne tombent dans le cas d'être châtiés. Sous
cha-

chacune des quatre Tours dont le château est flanqué aux quatre coins, est un caveau spatieux & bien bâti de pierres de taille. C'est dans l'un de ces caveaux que l'on fait boire la compagnie qui est venu visiter la cave, & à chaque santé un garçon frape trois fois sur le plancher avec un grand cuir roulé: ce qui retentit dans tout le caveau, & fait à peu près l'effet d'un coup de canon. Surpris d'un effet si singulier, & qui l'est d'autant plus que les trois autres caveaux n'en produisent point de pareil, je voulus voir ce que c'étoit que ce rouleau. Mais je ne l'eus pas plutôt touché que le maître de la cave s'écria que je serois puni de ma curiosité. La punition consiste à se mettre à genoux devant une sellette, sur laquelle on a étendu le cuir, & à recevoir sur le derriere trois coups du plat
d'une

d'une serpe. Je me récriai contre une loi si injurieuse; mais lorsqu'on m'eût montré sur la muraille les noms de plusieurs Seigneurs qui avoient été obligés d'y souscrire, je ne me fis plus tirer l'oreille, & je cédai au tems. Le bras du maître de la cave qui étoit fort & nerveux, ne m'épargna pas, mais je fus bientôt consolé. Un grand verre de vin me fut presenté, avec ordre de le porter à quelqu'un. Je le fis, & de main en main le verre alla communiquer à presque toute l'assemblée l'ignominie dont j'étois noté; car tous ceux qui burent dans le même verre tant hommes que femmes, furent contraints de subir la même peine que moi, qui aurois été le seul patient, si personne n'eût voulu boire le calice.

La *Franconie* est un des six Cercles de l'Empire, qui comprend plusieurs Evêchés dont les Prelats sont autant de Souverains; la grande Maitrise de l'Ordre *Teutonique*, dont le Chef fait sa residence à *Mariendal*; plusieurs Duchés & quelques villes Imperiales. Cette grande Province que differentes rivieres arrosent continuellement, est située le long du *Mein*, qui lui sert de rempart. On prétend que *Wirtzbourg* en est la Capitale, & l'Evêque prend le titre de Duc de *Franconie*. Celui qui occupoit cette place il y a quelques années, étoit de la Maison de *Schönborn*, & mourut empoisonné dans une partie de chasse.

Charlemagne, qui aimoit ce pays-là, avoit formé le dessein de joindre le *Rhin* & le *Danube*, & par conséquent l'*Océan* avec la mer *Noire*. On commença ce canal près d'*Onspach*; mais les fréquentes pluyes le comblerent,

&

& les guerres empécherent l'accomplissement d'un si beau projet.

La *Franconie* a le Palatinat de *Baviere* à l'Orient, le Palatinat du *Rhin* au Couchant, la *Suabe* au Midi, & la *Hesse* & la *Thuringe* au Septentrion.

Nuremberg que les *Latins* apellent *Nuremburga*, est située sur le *Pegnitz*, qui l'aïant traversée, se va joindre au *Rednitz*. Les *Noriques* la bâtirent sur une colline de la forêt *Hyrcinie*, qui leur servit d'asile contre la fureur d'*Attila*. Plusieurs Empereurs l'embellirent, & ses habitans l'agrandirent considerablement & la fortifierent l'an 1632. Cette ville est une des plus grandes & des plus riches d'*Allemagne*. Les maisons sont bâties de pierre de taille, & élevées de quatre ou cinq étages. Ses rues sont larges, & ses places assez regulieres. Elle renferme onze ponts de pierre, dont

dont l'un construit d'une seule arche attire l'attention des curieux; douze fontaines, six portes deffendues chacune d'une grosse Tour; un château fort élevé; un Arcenal de cinq sales de plein pied, de quatre-vingt pas de largeur, avec quantité de canons, & des armes pour quinze mille hommes, & un hotel de ville superbe.

Son gouvernement est aristocratique, & la justice & la police y sont très exactement exercées, sans être fort occupées, les habitans aïant naturellement de la droiture & de la douceur.

Les *Catholiques* n'ont qu'une Eglise dans cette ville, qui conserve toujours un grand air de liberté, & soutient son commerce par ses belles foires & ses bonnes manufactures, dont *Louis XIV*. a épuisé ses meilleures villes

villes, par la proscription de ses Sujets.

CHAPITRE V.

De la Suabe & de ses principales villes. De l'Electorat de Baviere, & de sa Capitale. De la Principauté de Saltzbourg, & du Comté de Tirol. De la Carynthie, & du pays de Trente, avec la description de leurs forteresses, & le caractere, les mœurs, & la Religion de ces peuples.

Donavert a perdu ses plus beaux priviléges depuis l'an 1607. que les Electeurs de Ba-

Baviere s'en sont sont rendus les maîtres. Cette ville qui est habitée par un assez bon peuple, n'est point desagréable. On y passe le *Danube* sur un pont assez long, qui fut bien disputé dans la derniere guerre. Le Maréchal d'*Arco*, General des troupes de *Baviere*, quoi qu'assez bien retranché, fut contraint d'abandonner ce poste important au feu Duc de *Marlboroug*, qui commença à subjuguer la *Baviere* par la prise de cette Place, qui est située dans la *Suabe*. Cette ville est commandée du côté de la *Franconie* par une montagne d'où on peut la foudroyer en 24 heures, de maniere que lorsque l'ennemi s'est emparé de ce poste, la ville ne doit songer qu'à capituler le plus avantageusement qu'il lui est possible de le faire. Il y a beaucoup d'aparence que sa situation est l'unique raison

son que peuvent avoir eu ses Souverains pour n'avoir point relevé ses premieres fortifications.

Ausbourg est *l'Augusta Vindelicorum* des Anciens. Elle est située sur un des bras de la riviere de *Lech*, & sur le *Wertach*. *Tacite* fait une mention honorable de cette ville, dans laquelle l'Empereur *Auguste* établit une Colonie *Romaine*, dont elle a retenu le nom d'*Augusta*. Elle est agréablement située, bien bâtie, & fort peuplée. L'air y est des plus sains. Ses rues sont larges & bien percées, & on y trouve un grand nombre de magasins remplis de toute sorte de marchandises, que les Négocians étrangers y mettent comme en dépôt pour l'*Allemagne*, ou pour l'*Italie*. Elle contient une quantité étonnante d'orfèvres, & d'excellens ouvriers, qui travaillent à des ouvrages, dont on fait une grande consommation dans l'Empire, de même que dans les Royaumes de *Boheme* & de *Hongrie*. La Maison de ville, où le Senat s'assemble, est très vaste & des plus magnifiques.

Elle a la vue sur une claire & delicieuse fontaine, où s'élève au milieu de son bassin la statue de l'Empereur *Auguste*, qui est de bronze, avec plusieurs figures de même métail.

On peut voir la Cathédrale & les autres Eglises, quoi qu'elles n'aprochent point de la magnificence de celle des *Jesuites*.

Les *Catholiques* & les *Lutheriens* y exercent publiquement leur Religion : ce qui fut accordé à ces derniers par la paix d'*Osnabruck* en 1648. Il y fut aussi arrêté, que des sept Conseillers des familles nobles, qui forment le Conseil secret, les deux premiers, qu'on nomme

Pre-

Préſidens de la République, ſeroient l'un *Catholique* & l'autre *Proteſtant* ; & des cinq reſtans, il doit y en avoir trois *Catholiques*. Les Senateurs, Sindics & Aſſeſſeurs ſont indifferemment mêlés; mais des trois Treſoriers, on met alternativement deux *Proteſtans* & un *Romain*.

Ausbourg eſt la Capitale du Cercle de *Suabe*. Il n'y a point à preſent en cette ville de familles bien qualifiées. Une des premieres qui eſt celle de *Manli*, s'eſt établie dans le Canton de *Berne*. Mr. de *Betan*, qu'elle a pour Chef, eſt Officier General & Colonel d'un Régiment de trois Bataillons au ſervice de la *France*.

La *Suabe*, ou *Sueve*, a la *Baviere* au Levant, la *Suiſſe* au Midi, la *Franconie* au Septentrion, & au Couchant le *Rhin*, qui la ſépare de l'*Alſace*. Elle com-

comprend la *Suabe* propre, vers le *Danube*, le Duché de *Wirtemberg*, la *Forêt-Noire*, les Marquisats de *Bade* & de *Burgaw*, les villes d'*Ausbourg*, de *Constance*, & beaucoup d'autres. C'est encore un grand pays de bois, bien peuplé & très abondant, dont les anciens peuples s'étendoient dans la *Pologne* & dans la *Poméranie*.

A une journée d'*Ausbourg* on trouve la superbe Abbaye d'*Etheal*, de l'Ordre de St. *Benoît*, dont les bâtimens sont très magnifiques, & l'Eglise d'une richesse extraordinaire. Ces Religieux tiennent de bons maîtres, pour donner une éducation convenable à la Jeunesse de *Westphalie*, & de son voisinage, qui s'y trouvent jusqu'au nombre de deux cents pensionnaires, parmi lesquels on ne reçoit que des enfans de la premiere qualité, qui en sortent aussi bien élevés qu'on le peut être dans le plus celèbre Collége de l'*Europe*.

De cette Abbaye, dont le puissant Abbé fait les honneurs de son mieux, on peut se rendre à *Munich*, située sur l'*Yser*, Capitale de la *Baviere*, & le séjour ordinaire de ses Electeurs.

Le Palais Electoral, qui répond magnifiquement à la beauté de la ville, est un des plus somptueux, & des plus richement meublés que l'on puisse voir en *Allemagne*. On mange fort delicatement chez les premiers de cette Cour, de même que chez plusieurs Generaux, entre lesquels se font tout à fait distinguer le Comte de *Costa* & le Baron de *Montigni*. Le Prince a fait rebâtir ses maisons de campagne, où il a fait planter des jardins qui aprochent fort près de ceux de *Marli* & de St. *Cloud*.

Cloud. On ne sait point si la mort qui vient d'enlever l'Electeur *Maximilien*, ne changera pas le théatre de cette Cour, sur lequel les *Piémontois* & les *François* jouent les premiers rôles. Quoi qu'il en soit, tant que cette ville subsistera, telle qu'elle est aujourd'hui, elle tiendra le premier rang parmi les plus belles de l'Empire. Entre ses Eglises les plus remarquables, celle de *Notre-Dame*, où sont les tombeaux des Princes, & celle des *Jesuites*, sont celles que l'on prefere.

On passe l'*Yser* sur un pont assez beau, qui conduit au faux-bourg de cette ville, dont le Roi *Gustave Adolphe* se rendit maître en 1632. Ce Prince fut charmé du Palais de l'Electeur, & trouva d'un grand goût les deux premiers apartemens, & le salon des antiques, où l'on compte

te plus de trois cents buftes de jafpe, de porphire, de bronze, & de marbre, de toutes les couleurs, qui repréfentent les plus grands Conquerans, & les premiers Capitaines, fortis du fein de la *Grece*. On y voit auffi deux fameufes galeries, dont l'une eft remplie de portraits des plus grands hommes, & le plafond de l'autre eft chargé de la repréfentation des principales villes, des châteaux, des rivieres, & de ce qu'il y a de plus remarquable dans cet Electorat, qui a l'*Autriche* au Levant, le *Danube* au Septentrion, le Comté de *Tirol* au Midi, & la *Suabe* au Couchant. Tout ce vafte pays qui n'eft point le meilleur de l'*Allemagne*, n'apartient pas à un feul Souverain, car on y compte differens Princes, jouiffant féparément de leurs domaines, qui fe trouvent enclavés
dans

dans la *Baviere*, comme sont l'Archevêché de *Saltzbourg*, les Evêchés de *Ratisbonne*, de *Passaw*, & de *Freisingen*, le Duché de *Newbourg*, & les Comtés de *Haug* & d'*Ortembourg*. Personne ne doute que la Maison de *Baviere* ne descende en ligne droite des anciens Comtes de *Witelspach*, sortis directement de l'Empereur *Arnould*, qui étoit petit-fils de *Louis I.* Roi de *Baviere*, qui mourut en 880.

Saltsbourg, qui est la même que l'ancienne *Juvania*, quoi que grande, ne plaît qu'à son Archevêque, qui en est Seigneur temporel, & Prince de l'Empire. Ce Prelat a de si beaux droits qu'on le regarde comme le Pape d'*Allemagne*. Celui qui occupe actuellement cette dignité, est de la Maison des Comtes de *Harrach*. Il vit tout à fait en Prince dans son Archevêché, qu'il pouroit
bien

bien ne pas conserver longtems, parce qu'il est plus que sexagenaire. On a tenu divers Conciles dans sa ville, située sur la riviere de *Saltz*, & dans le terrain le moins ingrat de l'Electorat de *Baviere*.

Inspruck, Capitale du *Tirol*, est bâtie sur la riviere d'*Inn*, dans une belle vallée, au dessous de *Hall*, & la riviere la sépare d'un grand fauxbourg, qui fait une partie de la ville. *Inspruck* est solidement bâti, riche, & orné de plusieurs fontaines, de grandes places, & d'un château qui devoit être fort beau, lors que les Archiducs d'*Inspruck* qui étoient de la Maison d'*Autriche*, y faisoient leur residence. Cette ville a de belles Eglises, entre lesquelles on distingue celle des *Jesuites* & des *Cordeliers*, où sont les tombeaux des Archiducs, & les bustes de bronze de ces

ces Princes & de leurs Epouses.

L'Archiduc *Ferdinand* fit bâtir à une demie lieue de cette ville le château d'*Amras*, où il avoit divers cabinets remplis de curiosités, & une riche bibliothèque, dont il ne reste rien; mais en revanche, on en trouve une bien fournie chez les Chanoines Réguliers de *Bilstein*, dont l'Abbaye est très considerable, tant par la beauté de son Eglise & de ses bâtimens, que par ses revenus. Cette ville est le séjour ordinaire de la Noblesse la plus distinguée, chez laquelle on est gracieusement reçu; mais les Etrangers n'y jouent point heureusement à l'ombre. A cela près les Seigneurs *Tirolois* font bien les honneurs de leurs Palais, qui sont fort logeables, sans être aussi richement couverts que l'avant-toît de la Maison de ville, dont

dont les tuiles sont toutes d'or massif. Les Officiers *Bavarois* aïant voulu donner quelque atteinte à ces tuiles dans la derniere guerre, les habitans se révolterent contre eux, & les renvoyerent dans leur pays, après les avoir bien batus.

L'*Inn*, & les autres rivieres de ce Comté regorgent de poisson. On y mange des gelinotes & des perdrix admirables. Les caves sont fournies d'un vin qui aproche assez de celui de *Hongrie*, & les peuples, quoique des plus rustiques, sont les meilleures gens du monde.

Le Comté de *Tirol* est entre la *Baviere*, la *Carynthie*, *Salzbourg*, le pays des *Suisses*, auxquel il voudroit se joindre, & l'*Italie*. On le divise en deux parties, qui sont également fertiles. On y trouve des mines d'or & d'argent. Ce pays, que
les

les *Alpes* du *Trentin* partagent, est arrosé des rivieres de l'*Inn* & d'*Esch* ou *Adige*, & a passé dans la Maison d'*Autriche* après l'extinction de ses Princes particuliers. L'unique route qui conduit en *Italie*, ou dans l'*Allemagne*, est bordée à droite & à gauche, d'une longue chaîne de hautes montagnes, que l'on trouve à l'entrée de cette Province, & où cependant on voyage avec plus de sureté, & aussi commodément qu'en aucun autre pays du Monde.

Les *Tirolois* sont sobres, laborieux & tranquiles, mais très las de la domination Imperiale, & fort impatiens de changer de maître. C'est ce que l'Electeur de *Baviere*, que ses Sujets viennent de perdre, eût pu remarquer par la soumission de ces peuples, tout disposés en sa faveur, si les Generaux de ce Prince,

Prince, si connu par sa douceur & sa bonté, ne les eussent point forcés à prendre les armes, pour le renvoyer dans son Electorat, avec assez de perte, & le regret de n'avoir point profité d'une aussi belle occasion.

Les *Capucins* ont un grand crédit dans cette Province ; mais on n'y souffre point d'Hermite depuis le dernier, qui ne sortoit de son hermitage, que pour prêcher secretement contre les abus de l'Eglise *Romaine*, dont il sépara une partie de ces montagnards : & de là vient que la vie herémitique est très suspecte aux *Catholiques* de cette contrée, & encore plus à tous les Ordres de mandians, qui dirigent toutes les consciences, à l'exception de ceux qui changerent de croyance du tems de la mission de cet Anachorette. On ne voyage point fort agréablement

blement dans la *Carynthie*, qu'on divise en *haute* & *basse*, selon le cours de la *Drave*, qui prend sa source dans les *Alpes*. Ce pays après la mort du Prince *Henri* qui ne laissa point de Successeur, fut soumis aux Archiducs d'*Autriche*, & sert de quartier de rafraichissemens aux Régimens Imperiaux que l'on considere le plus. Les peuples de la *Carynthie* avoient le droit de donner en quelque sorte l'investiture à leurs Souverains, toutes les fois qu'il y avoit changement de Prince : ce qui se faisoit de la maniere suivante. Le nouveau Duc vêtu d'un habit de paysan se rendoit dans une prairie, où un habitant lui presentoit une paire de bœufs, l'un gras, & l'autre maigre. Le Prince retenoit le dernier, & recevoit en même tems un petit souflet de celui qui lui offroit ce present. Au sur-

surplus ce petit Canton est fort chargé de montagnes, & peuplé de gens riches qui font bonne & courte justice aux voleurs du pays.

On fait fort bonne chere sur la route d'*Inspruck* à *Trente*. On traverse avant que d'arriver à cette derniere ville, un bon nombre de bourgs, & de grands villages, qui ne laissent pas douter de la fertilité du *Tirol*.

Trente située sur l'*Adige*, & nommée en *Latin Tridentinum*, est Capitale d'un petit pays, dont l'Evêque est Seigneur & Prince de l'Empire, sous la protection de l'Empereur. Ce pays est dans les *Alpes Tridentines*, & la ville est dans une plaine, d'autant plus agréable, que les collines qui l'environnent sont extrêmement cultivées, & arrosées par les eaux de plusieurs ruisseaux, qui coulent de tous côtés. L'E-
glise

glise Cathédrale dédiée à *St. Vigile*, est admirée par son architecture, & recommandable par son Chapitre, dans lequel il n'entre point de Chanoine qui ne soit d'une noblesse sans reproche. Ils ont droit d'élire leur Evêque, qu'ils choisissent le plus souvent de leur Corps. On y voit un beau Collége de *Jésuites*, quantité de Couvens de l'un & de l'autre Sexe, & des Palais dignes de la curiosité.

C'est dans cette ville que s'assembla le dernier Concile dont *Pierre Polani* dit *Fra-Paolo*, Religieux *Servite*, a donné une bonne histoire, quoiqu'en dise le Cardinal *Palavicin*. On assura dans ce Concile ce qu'on devoit croire à l'égard du Sacrement de l'Eucharistie. On y convint d'ajouter aux deux premiers la Penitence, l'Extrême-Onction, l'Ordre & le Mariage; &

dans

dans la XXIV. Seſſion on reconnut, & on détermina qu'il y avoit néceſſairement un Purgatoire.

Brixen, ou *Breſſenon*, & en Latin *Brixina*, dont l'Evêque eſt ſuffragant de *Saltzbourg*, eſt ſituée au pied des montagnes, ſur la riviere d'*Aiſach*, qui y reçoit celle de *Rienez*. Cette riviere diviſe la ville en deux parties, dont la plus grande a deux rues aſſez belles, & des portiques commodes. Cependant ce lieu eſt dépeuplé, & le ſeroit tout à fait, ſans quelques Marchands, que le commerce y entretient, à cauſe de la commodité du paſſage d'*Italie* en *Allemagne*. L'Empereur *Henri IV.* dit le *Vieil*, ou le *Grand*, fit tenir un Concile dans cette ville l'an 1080. où il preſida, à la tête de cinquante Evêques. Le Pape *Grégoire VII.* y fut dépoſé sé, pour s'être avisé d'excommunier ce Prince ; & on mit en sa place *Guibert*, Archevêque de *Ravenne*, qui prit le nom de *Clement III.* On trouve cette histoire assez exactement écrite en Langue *Italienne*, dans la jolie Bibliothèque des Peres *Capucins* de cette ville, qui y vivent dans l'abondance.

Bolzano, démembré du pays de *Trente*, pour entrer dans le *Vicentin*, qui est du domaine de la République de *Venise*, est une petite ville, où l'on trouve peu de compagnie, mais du bon vin de *Tirol*, que plusieurs preferent au *Vino Sancto*, qui se fait du côté de *Verone*. On en boit encore de meilleur, & qui aproche de la malvoisie de *Candie*, sur le territoire de *Vicenze*; ville située entre le *Tirol*, la Marche *Trévisane*, le *Padouan* & le *Veronois*, que les *Allemands* ont souvent occupé, dans les commencemens de la derniere guerre d'*Italie*. Les habitans de ce Canton passent pour des assassins fort hardis, & qui ne pardonnent point.

L'*Adige*, qui prend sa source au Mont *Brenner* dans le Comté de *Tirol*, reçoit près de *Bolzano* les eaux du *Sarca*, qu'elle va promener à *Verone*, avant que de se jetter dans la mer *Adriatique*.

CHAPITRE VI.

Du Veronnois, & du Vicentin, de l'Etat de Venise & de Raguse, de leur Gouvernement, des troupes Venitiennes, des mœurs, & de la Religion de ces peuples; avec la description de leurs villes, & un détail choisi de ce qu'on y trouve de plus remarquable.

LA riviere de l'*Adige* conduit de *Trente* à *Veronne*, surnommée la *Noble*, laquelle apartient aux *Venitiens*.

La situation de *Veronne* est des plus agréables, & l'air comme me tout ce qu'on y trouve, plaît à tous ceux qui la connoissent. Elle est defendue par trois châteaux, qui seront en état d'arréter une armée, quand on les réparera: ce que l'on peut faire en fort peu de tems, & sans beaucoup de dépense

Le Pape *Lucius III.* est enterré dans l'Eglise Cathédrale, qui est plus ancienne qu'elle n'est belle.

Les Seigneurs de l'*Escalle*, dont *Jules* & *Joseph Scaliger* se disent descendus, étoient en possession de cette ville, avant qu'elle changeât de maître. Le tombeau des premiers est visité par les curieux, qui ne vont au Couvent de *St. George*, que pour y voir un superbe tableau de la main de *Paul Veronese*, pour lequel le Comte d'*Arondel* offrit inutilement deux mille pistoles.

Le grand amphithéatre que le Conful *Flaminius* fit bâtir autrefois, & que les habitans ont fait réparer de nos jours, eft le mieux confervé & le plus entier de ceux qui fubfiftent encore.

On a remarqué dans tous les tems des perfonnes fort favantes à *Veronne*, où naquirent *Cornelius Nepos*, *Pline fecond*, *Catulle*, *Paul Veronefe*, & plufieurs autres grands hommes.

On ne doit point négliger de voir la belle plaine, où fe donna la grande bataille dans laquelle *Marius* deffit entierement les *Cimbres*. C'eft la même où l'armée de *Théodoric* diffipa celle d'*Odoacer*.

Vicenze, autre ville de l'Etat de *Venize*, eft fur deux petites rivieres, qui font le *Bathelione*, & le *Racone*. Cette ville eft jolie. & la Maifon de ville, la grande place, le jardin du Comte
de

de *Valmirana*, le *Campo Marzo*, & le théatre de l'Opera, sont du goût de tous les curieux.

Padoue apellée la *Docte*, se vante d'être plus ancienne que *Rome*. Elle fut, dit-on, bâtie par *Antenor*, dont on montre le tombeau, mais l'Inscription *Gothique* fait douter de son ancienneté. Quoi qu'il en soit, *Padoue* est située au pied de la montagne *Engarion*, dans la *Marche Trévisane*, au milieu d'un aussi bon pays qu'il y en ait en *Italie*. Le jardin de son Université de Médecine est rempli de quantité de simples & de plantes, & les écoles publiques, dans lesquelles se font tous les jours de belles experiences, & qui sont redevables en partie de leur établissement à l'Université d'*Oxfort*, n'ont pas beaucoup perdu de leur premiere réputation.

Le corps de *St. Antoine de Pade-*

repose sous l'autel d'une riche chapelle, dans laquelle trente-six lampes d'argent ne cessent point de bruler. Cette chapelle est revétue de quantité de figures de marbre blanc, qui representent les miracles, & les principales actions de la vie de ce Saint.

Le Mauzolée d'*Alexandre Contarini*, General des *Venitiens*, qu'on remarque dans la même Eglise, est un des plus beaux de ceux que l'on admire en *Italie*. On trouve en même tems dans le Cloître du Couvent de *St. Antoine* plusieurs tombeaux assez fameux, mais moins dignes d'être vus que celui du Comte d'*Arondel*, qui fut le plus curieux homme de son tems, & le dernier Maréchal d'*Angleterre*.

Les plus belles Eglises ne donnent point de jalousie à celle de *Ste. Justine*, dont le Dôme est parfait. L'autel tout de pièces raportées, le pavé qui est de marbre rouge & noir très curieux, & tout ce qui accompagne ce somptueux bâtiment, est d'un goût admirable. Mais je n'assure point que deux tombeaux que l'on m'a fait remarquer, soient les mêmes que ceux dans lesquels *St. Luc* & *St. Mathias* furent ensevelis. Ce qu'il y a de plus certain, c'est que l'Abbé me montra dans la vaste Bibliothèque de sa riche Abbaye, beaucoup de Livres très frivoles, & fort apocrifes; mais en même tems il me fit voir les plus beaux ouvrages qui soient sortis de la main de *Paul Veronese*, de *Titien* & de *Raphaël*.

La Métropole est mieux dorée qu'elle n'est bâtie. Elle est desservie par cent Ecclesiastiques, entre lesquels vingt-sept doivent être tirés du sein de la Noblesse. Le Cardinal *Barbarigo*, qui ne seroit point embarassé de faire ses preuves, est encore plus distingué par la pureté de ses mœurs. Il est Archevêque de cette ville, & s'acquite bien dignement de ses fonctions.

Il y a très peu de maisons qualifiées à *Padoue*, toute la Noblesse ou du moins la plus grande partie, aïant peri dans les divisions qui l'ont déchirée pendant un si long tems. Le tombeau des *Cerari*, Tirans ou légitimes Seigneurs de cette Cité, avant que les *Venitiens* les en eussent chassés, se conserve dans l'Eglise des *Domidicains*. Celui de l'illustre épouse de *Thomas Whustenhas*, laquelle étoit fille du Comté de *Shrewsburg*, ne dépare point celle de *St. Thomas de Cantorberi*.

Cette ville a produit de fort grands hommes, & particulierement *Tite Live*, *Apponius*, le Jurisconsulte

risconsulte *Paulus*, *Titien*, & beaucoup d'autres.

On s'embarque à *Padoue* dans une *Piotta*, ou petite barque, pour passer à *Venise*. On voit sur la riviere de *Brenta* une quantité de Palais, qui paroissent magnifiques, de grands jardins, & de belles avenues, qui font juger que l'on est aux portes d'une grande ville. Lorsqu'on aproche de *Venise*, on ne peut s'empécher d'admirer sa situation, & sans avoir l'imagination bien forte, on pouroit au premier coup d'œil, prendre tout ce qui se presente à la vue, pour une immense flote, qui est à l'ancre au milieu de la mer.

Venise fut fondée par plusieurs Seigneurs & personnes riches, qui la bâtirent pour se derober à la fureur des Barbares, qui ravageoient l'*Italie*, sous la conduite d'*Attila*. Cette ville charme me les voyageurs, principalement ceux qui n'ont point passés par *Amsterdam*. Elle n'a point de murailles qui la defendent, mais elle est environnée d'un canal de cinq Milles de large, & d'une infinité de petites Isles qui rendent son abord inaccessible à une Armée navale. La mer coule dans toutes ses rues par des canaux revétus de pierre, & ces rues sont si étroites, que l'on ne peut s'y servir de carosse. A la place de ces voitures bruyantes, on se sert de bateaux couverts, qu'on apelle des *Gondoles*. Ces *Gondoles* ressemblent à des nacelles, dans lesquelles peuvent tenir six personnes assises sur des bancs. Les unes sont dorées & doublées de velours ou de damas; les autres sont plus simples; mais toutes sont fort propres, & très commodes. Le peuple mal aisé ne va point ordinairement en

ba-

bateau, & marche par la ville, sur de petits chemins relevés le long des canaux, que l'on traverse sur des ponts de pierre, sous lesquelles les Gondoles passent. Le plus grand de ces ponts est celui de *Rialto*. Il est sur le grand canal, & quoi qu'il n'ait qu'une arche, il ne cède pas en largeur ni en magnificence aux plus beaux de l'*Europe*. Pendant l'hiver on se promene la nuit par curiosité dans les rues, pour voir la glace qui couvre tous ces diferens canaux : & la réverberation de tant de lampes & de bougies, que l'on allume dans une quantité de grands Palais, & dans une infinité de maisons particulieres, fait sur cette eau gelée un effet qui surprend agréablement, & qu'on ne peut voir ailleurs qu'en *Hollande*.

On compte dans cette ville trente-trois Couvens de Religieux,

gieux, vingt-neuf de filles, soixante & dix Eglises Paroissiales, & près de trois cents mille habitans.

Les Nobles gouvernent, & ont pour Chef un Doge, dont le crédit est très borné. Le Grand Conseil, composé de deux mille Nobles, est regardé comme le fondement de l'Etat, parce que l'on tire de ce Corps tous les Magistrats, Podestats, Generaux d'Armée, Provéditeurs Generaux, Ambassadeurs & autres.

Le Prince ou Doge de cette République est électif, quoi que cette dignité fût autrefois heréditaire. On ne place dans ce poste éminent que des hommes qui ont réussi dans plusieurs ambassades, & qui doivent être consommés dans les affaires. Au surplus, ces sortes d'élections donnent beaucoup de peines, & causent

causent autant de jalousie que celle d'un Pape & d'un Roi de *Pologne.*

Quand un Noble est choisi pour Doge, il lui est expressément défendu de sortir de la *Lugana*, ou du canal, sans permission : & quoi qu'il soit Souverain, il ne peut rien faire sans l'avis de six Conseillers qu'on lui donne, qui sont des premiers Nobles de la République. Ces six personnes assistent avec lui à toutes les deliberations, & dans le Conseil secret. Ils expédient ensemble les affaires, donnent audience aux Ambassadeurs, reçoivent les Lettres de leurs Ministres qui sont dans les Cours étrangeres, & y font réponse; retirent ou confirment les priviléges, & s'acquitent toujours avec beaucoup de politique de tout ce qui concerne la Souveraineté. Mais si le Doge ne peut terminer seul
une

une affaire, ses associés ne peuvent pas aussi la finir sans son consentement. Il sort en Roi de son Palais, & son train précédé de huit trompettes d'argent, impose au peuple. Il est vétu d'une robe de pourpre, marchant sous un dais de drap d'or, devant lequel on voit un jeune enfant qui porte un flambeau de cire blanche. Toutes les déclarations & les Lettres de l'Etat sont en son nom. La monnoye est aussi battue en son nom, & d'un côté n'est distinguée de celle de la République que par un Lion, ou par l'image de *St. Marc.*

Les *Venitiens* ont perdu les delicieux Royaumes de *Chypre*, & de *Candie*, la plus grande partie de l'*Archipel*, & n'ont sçu conserver en dernier lieu les meilleures Provinces de la *Morée*. La Banque a oublié son exacte régularité

gularité dans l'acquit de ses dettes. L'Etat n'est ni riche ni fort acrédité, le Noble en charge paroît toujours avide & puissant, le Particulier languit, & le pauvre souffre.

Les interêts de cette République l'engagent fort avant avec l'Empereur, l'éloignent de l'*Espagne*, ne l'aprochent que légerement de la *France*, l'attachent par nécessité à l'*Angleterre*, & par maniere d'acquit au Pape.

Ces Nobles portent dans les lieux publics une longue robe noire avec un bonnet de même couleur, bordé d'une petite frange.

Les *Venitiens* sont naturellement bien faits, & paroissent toujours serieux. Un Noble n'oseroit aller voir un Ministre étranger, & ne peut être en commerce avec le Domestique d'un Ambassadeur, sans la permission ex-

expresse de la République, sous peine d'être accusé de trahison, & d'être puni exemplairement.

L'Eglise de *St. Marc* n'est ni fort grande, ni trop élevée, mais elle est superbement bâtie. Ce n'est que marbre & qu'ouvrage à la *Mosaïque*, où le plus pur or n'a point été épargné. Le tresor de cette Eglise que l'on ne visite qu'en presence de deux Nobles, est rempli de richesses, & des pièces les plus rares. Le second tresor n'est pas moins curieux à voir que le premier; on y remarque douze couronnes d'or & autant de cuirasses du même métail, pareilles à des corps de juppes de femmes, que douze jeune filles avoient accoutumé de porter dans les grandes fêtes, trois rubis, dont un qui pèse six onces, est aussi gros qu'un œuf de poule; deux autres couronnes d'or chargées de pierres pré-

précieufes, l'une du Royaume de *Chypre*, l'autre de celui de *Candie*; & tant d'autres chofes auffi belles.

Les connoiffeurs décident que les peintures qu'on trouve à *Venife* l'emportent fur celles de *Rome*. On en voit une infinité dans le Palais de *St. Marc*, qui paroiffent parfaites; mais celle qui touche davantage, eft un des chefs-d'œuvre du celèbre *Paul Veronefe*, dans lequel il reprefente une gloire celefte. On y voit l'Imperatrice de la mer *Adriatique* très fuperbement vétue, dans une attitude fi majeftueufe, que l'art ne fait rien voir de plus beau. Elle eft entre deux Tours, comme une nouvelle *Rome*, couronnée par la Gloire, avec la Renommée, qui publie fes louanges, environnée de plufieurs Divinités, & accompagnée de la Paix, de l'Abondance, de l'Honneur,

neur, des Graces, & de toutes les vertus, qui devroient être inséparables de la Souveraineté.

La place de *St. Marc*, où l'on trouve l'Eglise dédiée à ce Saint Evangeliste, contiguë au Palais du Doge, est une des plus belles du Monde. Elle s'étend du côté de la mer, depuis le Palais jusques à l'Eglise du Saint, & s'ouvrant sur la gauche, s'élargit insensiblement en une place plus spacieuse, & fort singuliere. Toute cette place est entourée de grands bâtimens assez regulierement alignés, & soutenus sur des arcades & des piliers de marbre, qui n'y sont point en petit nombre.

On voit devant l'Eglise de *St. Marc*, trois grands mâts de Vaisseaux, chacun sur un piedd'estal de bronze: ce qui designe les trois principaux domaines des *Venitiens*, qui devroient être les

Royau-

Royaumes de *Chypre*, & de *Candie*, & l'Etat de *Venise*. On trouve continuellement sur cette place des Etrangers qui s'entretiennent de leur commerce ; *Grecs*, *Armeniens*, *Albanois*, *Sclavons*, *Turcs*, & quantité de *Juifs*; & chaque nation y est aussi peu contrainte dans l'exercice de sa Religion, que dans son habillement.

La grande Tour est sur cette même place. Elle a au moins quarante pieds en quarré, & deux cents trente de hauteur : elle est couverte de tuiles dorées qui jettent un grand éclat aux rayons du Soleil. On découvre de cette Tour la ville dans son entier, les Isles voisines, les Forts, les dépendances de l'Eglise & du Palais de *St. Marc*, le dôme, & la façade de cette même Eglise, sur laquelle ont été placés quatre

H grands

grands chevaux de cuivre, que l'Empereur *Constantin* avoit fait transporter de *Rome* à *Constantinople*, & qui dans la suite des tems furent transferés en cette ville-ci. On remarque aussi fort distinctement du haut de cette Tour, toute l'étendue du grand arsenal, qui paroît avoir trois Milles de contour.

On trouve au milieu de ce fameux arsenal une belle fontaine d'eau douce, que l'on ne sauroit, à ce qu'on dit, empoisonner, à cause de deux morceaux de licorne, qui conservent à ces eaux toute leur pureté. L'ordre qui s'observe dans ce vaste lieu est admirable ; il doit y avoir chaque jour quinze cents hommes employés, & payés régulierement toutes les semaines. La paye de ces ouvriers monte à mille ducats par jour, ce qui fait à la fin de l'année une somme considerable.

derable. Tous les apartemens de cet arsenal ressemblent à de grandes galeries: dans l'une sont des rames pour des galeres : dans une autre des gouvernails : ici on fond de gros canons & des mortiers ; là sont de grandes balances pour les peser. En un autre endroit il y a des mâts d'une prodigieuse longueur pour les galeres & les Vaisseaux, lesquels sont d'un tel bois, que si l'on frape doucement sur l'un des bouts, & que l'on ait l'oreille contre l'autre, on l'entend facilement. Il y a de ces sortes de mâts qui valent plus de soixante mille pistoles.

On compte dans deux galeries differentes de ces dernieres des armes pour cinquante mille hommes ; dans une autre, de quoi armer douze galeres ; dans la plus reculée, pour trente Vaisseaux de guerre : ainsi de tout le reste ;

de sorte que les arsenaux de *Paris*, de *Genes*, de *Naples*, de *Zurich*, de *Berne* & de *Geneve*, ne sont que de petites boutiques d'armuriers, en comparaison de l'arsenal de *Venise*.

Le *Bucentauro* est une immense galere, que le Doge, accompagné de tout le Senat, monte le jour de l'Ascension. Ce Bâtiment est doré au dehors, & lambrissé à l'entour du tillac, avec des bancs & des siéges fort propres des deux côtés, sur lesquels cinq cents personnes peuvent être commodément assises. Le Doge est placé dans un grand fauteuil, aïant le Nonce du Pape d'un côté, & le Patriarche de *Venise* de l'autre. Toute la musique se fait entendre derriere eux, & chante de belles choses à l'honneur de la mer, que le Prince vient épouser avec tant de solemnité.

Le Doge ne jouit de cette prerogative singuliere, que depuis le tems que le Pape *Alexandre III.* honnora la République du domaine du Golfe *Adriatique*, en reconnoissance de l'accommodement qu'elle avoit menagé entre lui & l'Empereur *Fréderic*, surnommé *Barberouse*. Les plus belles Eglises de cette ville sont celles de *St. Marc*, les deux de *St. George*, & celles de *Notre-Dame de la Reparade* & des *Capucins*; comme les plus magnifiques Palais sont ceux de *Justiniani, Contarini, Grimani, Priuli, Cornaro, Mocenigo,* & *Loredano*. On ne s'aperçoit point de l'Inquisition dans cette ville, & toutes les Religions s'y peuvent exercer sans que personne s'en formalise, pourvu que l'on ne s'avise point d'y dogmatiser avec opiniatreté & trop d'affectation.

Les Nobles s'obſervent extrêmement; ils ſont politiques, fins, prudens, voluptueux, joueurs, galands, & fort honnêtes pour toutes les perſonnes bien nées qui les fréquentent. On s'accomode avec les *Venitiens* à merveille, pourvu qu'on entre dans leur caractere, & qu'on ne ſe mêle en aucune maniere, ni des affaires de l'Etat, ni de celles d'aucun Particulier.

Les femmes, auſſi belles & auſſi contraintes qu'en aucun autre ville d'*Italie*, n'y ſont pas moins coquetes, mais de plus de dépenſe. Le moyen le plus ſur de ſe louer de *Veniſe*, eſt de n'y point jouer, & de n'y pas connoître de femme. C'eſt un ſéjour agréable pendant un hiver, mais l'air en eſt très dangereux dans les grandes chaleurs. D'ailleurs quand on s'y eſt promené pendant trois mois, & qu'on a viſité ce qui merite d'y être vu, on ne peut éviter l'ennui, si on ne donne dans le jeu, ou dans la galanterie.

Le gouvernement de *Raguse* a du raport à celui des *Venitiens*, mais encore plus à celui de la petite République de *Lucques*. La crainte de perdre une liberté imaginaire y est si fort imprimée dans les esprits, que ces peuples changent de Doge & de Gouverneur tous les mois, & renferment tous les Commandans dans leurs postes, l'espace de six semaines. Les Gentilhommes n'y peuvent porter l'épée, ni découcher de chez eux, sans en donner avis au Senat; & les Etrangers, principalement les *Turcs*, sont enfermés sous la clef dans leurs logemens, & les portes de la ville ne s'ouvrent qu'à trois heures du jour en été, & à dix heures du matin en hiver. Les

Ragusois payent tribut aux *Turcs* qu'ils apréhendent, aux *Venitiens* qu'ils haïssent, au Pape qui les flate, & à l'Empereur qui les méprise. Du reste la ville n'est ni belle, ni laide, & ses Eglises remplies de figures & de tableaux, ne sont pas mieux bâties que la Cathédrale, dont l'Archevêque qui ne reconnoît de jurisdiction au dessus de la sienne, que celle du Pape, ne jouit que d'un revenu fort médiocre.

Les *Venitiens* entretiennent actuellement vingt-cinq Vaisseaux de guerre, douze galeres & vingt galéasses, vingt-quatre mille hommes d'Infanterie & trois mille Chevaux. Leurs Troupes sont mieux disciplinées & mieux entretenues qu'elles ne l'étoient, avant qu'elles eussent pour leur General le Comte de *Schulembourg*, qui leur a apris à deffendre glorieusement une Place.

CHA-

CHAPITRE VII.

De la Principauté de Piémont, & des Comtés de Maurienne, & du Monferrat, des Duchés de Savoye, de Milan, de Mantoue, & de Toscane; avec le caractere, & les coutumes de ces differends peuples, leur forces, leurs interêts, leur commerce, & le fort & le foible de leurs Places de guerre.

L E *Piémont* est sans contredit un des meilleurs & des plus beaux pays de l'*Europe*. La police y est parfaitement établie, & la justice exactement exercée.

Turin que le *Pó* arrose de ses eaux en est la Capitale. Cette ville dont la situation est des plus heureuses, est assez bien bâtie, ses rues sont assez bien percées, & les Palais des principaux Seigneurs de cette Cour, font honneur à ceux qui les habitent. Le Palais du Prince, sans aprocher de son château de la *Venerie* & de *Rivole*, dans lesquels il est logé en Roi, est magnifique, & orné de meubles & de tableaux d'un très grand prix, & l'apartement superbe que Madame Royale, mere du Roi, a fait bâtir peu de tems avant sa mort, est un témoignage éclatant du goût de cette Princesse.

La Cathédrale dont le Tresor n'est pas considerable, merite d'être vue, & la place de *St. Charles* tient un des premiers rangs parmi les plus belles de l'*Europe*.

Les jardins de la *Venerie*, dans le

le goût de ceux de *France*, surpassent tous ceux d'*Italie*, & le château Royal de *Rivole* est bâti avec autant de goût que de dépense.

Les dehors de cette Capitale sont charmans, & les nombreuses cassines ou maisons de campagne des premiers Seigneurs du pays, & des Particuliers, dans lesquelles on vit avec beaucoup de liberté, sont des plus agréables ; mais il n'y en a point dont la situation soit aussi belle que celle des *Capucins*, dont le couvent est bâti dans le plus bel endroit de cette riche plaine.

Cette ville que son fleuve defend d'un côté, est régulierement fortifiée, & ses bastions fort enterrés, sont deffendus par un chemin-couvert, qu'on ne sauroit brusquer. Si pourtant le Duc de la *Feuillade* eût attaqué cette Place du côté des jardins du Roi, dont une partie est plantée sur des bastions qui sont les plus foibles de cette ville, ce General s'en seroit rendu maître en peu de tems, au lieu que par le mauvais conseil de ses Ingenieurs, ou par des raisons qu'on ne dit pas, ce Duc commença par assiéger la citadelle : ce qui est contre les loix de la guerre. Cependant quelque forte que soit cette citadelle, dont les casemates sont à l'épreuve des bombes, elle ne se deffendra pas long-tems, lorsqu'elle sera attaquée du côté de la ville, ainsi que s'y prit le Roi *Guillaume*, quand il obligea le Maréchal de *Bouflers* de capituler dans le château de *Namur*.

Les fortifications de *Cazal* & de *Pignerol*, dans le Comté de *Montferrat*, ne sont point relevées, de même que celles de *Verceil* & de *Verue*. La plus agréable de ces villes est celle de *Cazal*,
où

où l'on trouve beaucoup de Maisons de qualité, dans lesquelles on vit tout à fait à la *Françoise*.

La petite ville de *Cheri*, fondée ou rebâtie en 1080. par *Philipe* de *Broglio*, est joliment située, mais moins en état de defense qu'*Alexandrie*, Capitale de l'*Alexandrin*, dont les remparts & les ouvrages sont en fort bon état.

St. Jean, Capitale du Comté de *Maurienne*, est une de ces petites villes dont on ne parle point.

Cette Province qui n'est pas étendue, est habitée de tems immémorial par le meilleur peuple de la terre. Elle est le premier apanage des Princes de la Maison de *Savoye*, dont l'auguste origine se perd glorieusement dans l'antiquité la plus reculée.

Le Duché de *Savoye* qui fut la demeure des anciens *Allobroges*, est rempli de Noblesse, mais pauvre

vre, quoique digne d'un meilleur fort. *Chamberi* qui en est la Capitale, ne peut éviter d'ouvrir ses portes au General d'une armée qui sera maîtresse de la campagne.

Suze, Capitale de ce Comte, ne changera pas sitôt de maître, étant couverte du Fort de la *Brunette*, qui est redoutable tant par sa situation, que par ses ouvrages.

Coni qui est une petite Place fort ennuyeuse, peut encore arrêter une armée, & on ne la prendra point aisément, si le Gouverneur ne manque ni de vivres, ni de munitions.

Le commerce n'est pas bien échaufé dans les Etats du Roi de *Sardaigne*, quoique les Négotians y trafiquent avec toute la liberté qu'ils peuvent desirer. Ce Prince entretient dans son Port de *Villefranche* quatre galeres, qui vont & reviennent tous les ans de son Royaume de *Sardaigne*;

vingt mille hommes de Troupes bien aguerries, & bien disciplinées, & autant de milices, dont les Chefs les exercent en tems de paix, tous les premiers dimanches du mois.

Les *Savoyards* font industrieux & patients, & les *Piémontois* les plus fins de toute l'*Italie*.

Florence Capitale de l'*Etrurie*, est une des plus florissantes & des mieux situées de l'*Italie*. L'Eglise métropole, sans être aussi superbement bâtie que la Chapelle de *St. Laurent*, dans laquelle reposent tous les Princes de la Maison de *Médicis*, est une des plus belles & des plus régulieres du pays. Celles du *St. Esprit* & des *Servites*, ont à la verité plus de brillant & de richesses, mais n'offrent point aux connoisseurs de si belles peintures, ni de si beaux tombeaux. Le grand Palais du Prince n'aproche pas de la magnificence

nificence de ces vastes cabinets, dans lesquels on trouve tout ce qu'il y a de plus rare en pierres précieuses & en marbres, & tout ce qu'il y a de plus curieux & de plus achevé dans la peinture & dans la sculpture.

Les Palais des premiers de cette ville sont moins beaux que leurs maisons de campagne; mais les uns & les autres, dans le goût du pays, sont très richement meublés, & on y est assez bien reçu. Il est vrai que le *Florentin* ne se pique pas autrement d'être fort liberal, ni fort empressé pour les Etrangers; mais comme naturellement cette nation est vaine & ambitieuse, on obtient de leur vanité ce qu'on ne sauroit attendre de leur cœur.

Cette Capitale, que la riviere d'*Arne* arrose, quand elle n'est point tarie, est fermée d'une foible muraille, & deffendue d'un
côté

côté par une citadelle qui n'est point bonne, & que le plus brave Gouverneur ne sauroit conserver quatre jours, si elle est assiégée dans les formes.

Les dehors, & la campagne de *Florence*, sont d'une beauté peu commune, & on s'y peut promener aussi agréablement que dans les jardins les mieux entretenus de cet Etat.

La triste & grande ville de *Pise* n'a conservé de son ancienne splendeur, que la Tour de sa principale Eglise, & le cimetiere qu'on apelle le *Campo Santo*, dans lequel on trouve des inscriptions fort anciennes & des tombeaux fort curieux. Il est beaucoup fait mention dans l'histoire *Romaine* des habitans de cette ville, dont la plupart n'ont pour toute consolation aujourd'hui, que la gloire de trouver dans leurs
archi-

nes les actions de leurs Ancêtres.

Livourne, nouvellement bâtie, a un Port franc sur la *Méditerrannée*, où abordent tous les navires marchands *Anglois* & *François*, qui navigent dans le Levant. Cette petite ville est riche & joliment située. Les Négotians qui ont manqué y sont en sûreté, sous la protection du Grand Duc. Ce Prince y fait hiverner ses galeres, & le Port qui est un des plus fréquentés de l'*Italie*, est parfaitement bien entretenu.

La Maison de *Médicis*, qui a donné deux Reines à la *France*, trois Papes à l'Eglise *Romaine*, & beaucoup de Cardinaux, va s'éteindre. Cet Etat dont l'Empereur accorde l'investiture à l'Infant *Don Carlos*, est destiné à ce Prince, de même que le Duché de *Parme*, dont il est heritier presomptif, malgré l'opofition du St. Pere, qui prétend que ce Duché eft reverfible à l'Eglife, aïant été fondé & donné par un Pape à un Prince *Farneze*, Chef de cette Maifon.

La ville de *Parme* & le Palais du Duc, font fort peu de chofe, & on ne fe dédommage de l'ennui qu'on y trouve, que dans *Plaifance*, qui eft une ville fort amufante, tant par la bonne compagnie qu'on y rencontre, que par la beauté de fes environs. Ces deux villes ne font point fortifiées, & le *Parmefan* n'eft gueres plus en état de deffence que les meilleures villes du Duché de *Tofcane*.

Le *Milanez* eft un des plus abondans & des meilleurs pays du Monde. *Milan*, qui eft Capitale de ce Duché, eft une des plus anciennes & des plus celèbres de l'*Europe*. Cette ville fut
absolu-

absolument détruite par l'Empereur *Frédéric Barberousse*, & ruinée 400 ans après son rétablissement par la mauvaise foi du Duc *Galéas*, dont les Successeurs l'ont rebâtie. Son château a plus de réputation que de force, & le maître de cette ville le sera dans peu de tems de cette forteresse.

Milan est le séjour ordinaire des Gouverneurs du pays, & de toute la Noblesse qui s'y trouve en fort grand nombre. Les Palais sans être fort régulierement bâtis, ont beaucoup d'aparence, & c'est une des villes d'*Italie* où l'on trouve le plus d'assemblées.

La plupart des villes de cet Etat sont fortifiées, mais la conquête de ce Duché ne seroit pas si difficile qu'on s'imagine, tous les pays, qui sont sous la domination Imperiale en *Italie*, étant très las du joug des *Allemands*, qui en usent dans cet E-
tat

rat comme dans un pays de conquête.

Le *Mantouan*, dont l'Empereur s'est mis en possession depuis la mort du dernier Duc de *Mantoue*, quoique ce Duché apartienne légitimement au Duc de *Guastella*, qui est de la Maison de *Gonzague*, n'est point si abondant, ni d'une aussi grande ressource que le *Milanez*. Mais *Mantoue*, qui en est Capitale, est des mieux fortifiées, & plus en état qu'aucune d'*Italie* d'arrêter une grande armée. Cette ville très connue bien avant la naissance de *Virgile*, dont elle est la patrie, a de beaux édifices, & de grands Palais, qui sont très bien meublés, & dans lesquels on trouve de la société & de la politesse. Le peuple entierement épuisé témoigne beaucoup de mauvaise volonté pour l'Empereur, & ne soupire qu'après un nouveau maître. CHA-

CHAPITRE. VIII.

Du Boulonnois, *& du* Ferrarois; *de la* Romagne, *& des principales villes de l'Etat Ecclesiastique.*

Ferrare, dont le Pape *Clément VIII.* se mit en possession, après la mort du dernier de ses Souverains, qui étoit de la Maison d'*Est*, est assise dans une assez belle plaine, & n'est pas mal bâtie. Sa citadelle n'est point forte, & ses édifices publics n'attirent pas l'attention des Curieux.

Bologne, dite la *Grasse*, est fort differente de *Ferrare*. Sa situation est admirable, & la plupart de ses édifices sont d'une magnificence extraordinaire. Le Dortoir des *Cordeliers*, & le Chœur des

des *Dominiquains*, sont très somptueux, & tout invite un Etranger à séjourner dans cette ville, où l'on trouve beaucoup de Noblesse, de belles assemblées, de bonnes hotelleries & de l'urbanité.

Faenza, où l'on va ordinairement coucher de *Bologne*, n'a rien de curieux que les pots de fayance que l'on y fait. La petite ville de *Rimini*, celèbre par le Concile que l'Empereur *Constantin* y assembla, n'est point laide. On y voit sur un pied d'estal dans la place du marché, une pierre sur laquelle monta *Jules Cesar*, pour haranguer ses soldats.

Catholica est un bourg miserable, dans lequel se retirerent les Peres qui ne voulurent point signer l'*Arianisme*, dans le Concile de *Rimini*.

La ville de *Pesaro*, dont la mer baigne les murs, s'apelloit autre-

autrefois *Pesaurum*, à cause que lors que les *Gaulois* assiégerent *Rome*, & que les *Romains* refugiés dans le *Capitole* firent leur composition, on porta dans cette ville l'or qu'on leur devoit delivrer. Les Ducs d'*Urbin* en étoient Souverains, mais elle est rentrée dans le domaine de l'Eglise, faute d'heritiers mâles, par droit de reversion.

Fano, rempli à ce qu'on dit, de belles femmes, est le même que *Fanum Fortunæ*, par rapport à un Temple de la *Fortune*, que l'on y bâtit, en mémoire d'une bataille que gagnerent les *Romains* sur *Asdrubal*. On y voit les ruines d'un Arc de triomphe, près de la plaine, où *Narses* défit entierement l'armée de *Totila*.

Senegallia, apellée vulgairement *Senones Galli*, est toute riante. Elle fut bâtie par les *Gaulois*
&

& c'est où commençoit la *Gaule Cisalpine*.

La ville d'*Ancone*, Capitale de la *Marche*, a un Port assez bon, qui correspond à l'*Esclavonie*, à la *Grece*, à la *Dalmatie*, & à plusieurs autres Provinces : elle est bâtie sur un cap defendu par un Fort qui n'est pas de beaucoup de resistance. On y voit un arc de triomphe de l'Empereur *Trajan*, & c'est tout l'ornement de cette ville ; dans laquelle mourut le Pape *Pie II*. après s'y être transporté, pour animer la Croisade, qu'il avoit fait publier contre les *Turcs*. La Cathédrale dédiée à *St. Cyriaque*, est remplie de corps saints, & de quantité de Reliques.

La sainte Chapelle de *Lorette* qui passe en *Italie* pour le chef d'œuvre des Anges, n'est connue que depuis l'an 1300. Ce seroit

seroit un crime que puniroit l'Inquisition, que de parler contre le miraculeux établissement de cette Chapelle qui, selon eux, fut transportée par des Esprits celestes d'un lieu à un autre, & que l'on mit enfin comme en dépôt dans l'endroit où elle est aujourd'hui. C'est au milieu d'une grande Eglise que les hommes ont fait bâtir avec peu de soin, & de dépense.

Cette Chapelle, que l'on nomme la *sainte maison*, est bâtie d'une pierre rouge, fort dure, pareille à de la brique, mais beaucoup plus forte, & plus épaisse. Le bâtiment est quarré, & la chambre raisonnablement grande. On y remarque un autel d'argent massif que fit faire *Cosme II.* Grand Duc de *Toscane*. Il y a devant cet autel sur lequel on dit la Messe depuis l'aube du jour jusques à midi, une lampe

lampe d'or d'une prodigieuse grosseur. Cette riche pièce est l'accomplissement d'un vœu que firent les *Venitiens* dans un tems de peste. On montre derriere l'autel, & tout au bout de la chambre, au travers d'une grille de fer, une statue de la Vierge qui tient un enfant *Jesus* entre ses bras. On dit que cette figure est un ouvrage de *St. Luc*, dont les Anges ornerent ce petit Sanctuaire. Les habits de cette statue qui peut avoir quatre pieds de haut, ne sont pas tous d'une égale magnificence, quoique le plus simple soit fort brillant. Le plus estimé est un present de l'Infante *Isabelle*. Il y a sur le devant de la robe six rangs de diamans, & le fond est rempli d'une broderie de perles, qui forment des fleurs, au milieu desquelles s'élève la plus grosse, que l'on dit être d'un très grand prix.

prix. La tête de l'enfant est chargée, comme celle de la mere, d'une couronne de diamans, qui est un present d'*Anne* d'*Autriche* Reine de *France*.

Le Duc de *Transsylvanie* y envoya une toison d'or richement ornée, qui pend au cou de la Vierge; & le Cardinal *Sfondrati*, pour preuve que tous les Cardinaux ne font pas incrédules, lui fit present d'un collier de diamans, de perles, & de rubis. Cette figure est dans une niche, dont le dehors est rempli, comme le fond, de pierres précieuses, de toute sorte de prix, & de couleurs.

Le tresor de *Lorette* est si considerable, que le détail paroîtra fabuleux. Il est pourtant réel, & celui de *Malthe*, du *Montserat*, & de *St. Jacques* en *Galice*, quoique tous les trois inestimables, ne peuvent être comparés
aux

aux richesses de *Lorette*.

Il y a de belles fondations dans cette Eglise, tant pour le soulagement des Pelerins, que pour celui des Voyageurs, que l'on ne refuse pas de secourir; & l'apoticairerie, où l'on fournit gratuitement des remèdes aux passans, de quelque qualité qu'ils puissent être, ne doit point être oubliée. On y remarque tout autour d'une grande arriere-boutique, des pots remplis de remèdes, & plusieurs vases qui sont d'une grosseur peu commune, peints de la main de *Raphaël*. Il y en a quatre entr'autres, sur lesquels sont representés les quatre Evangelistes, & dont un Ambassadeur de *France* offrit, dit-on, au nom de son Maître, quatre pots d'or de même pesanteur; mais ce fait n'est pas bien attesté.

En suivant toujours exactement

ment la route de *Rome* on passe à *Recanati*, qui n'a de beau que le jardin des *Capucins*. *Macerata* est une autre petite ville, dont on dit peu de chose, & on ne s'arrête à *Tolentino* que pour y visiter l'Eglise de *St. Nicolas* de *Tolentin*, dans laquelle on découvre à ceux qui le demandent, le tombeau de ce Saint, le tresor de la Sacristie, qui n'est point rare, & autres choses de peu de valeur.

Foligno, que les *Latins* ont nommée *Fulignum*, étoit plus fameuse autrefois, par la bonté de ses confitures, qu'elle ne l'est à present. On s'éloigne au sortir de cette ville, de la route ordinaire, pour aller à *Assise*, qui n'est recommandable que par la naissance de *St. François*, Instituteur d'un Ordre, Chef des Mendians. Le Couvent des *Franciscains* est fort beau, l'E-
glise

glise mieux ornée que bien bâtie, & le jardin de ces bons *Moines* assez étendu pour pouvoir contribuer à la subsistance d'une Communauté aussi nombreuse.

Monte est un petit endroit où beaucoup de gens ne s'aviseroient pas d'aller, sans son Eglise dédiée à *Ste Claire*. Le cœur de cette Fondatrice d'un Ordre qui a beaucoup de crédit en *Espagne*, est dans une Chapelle que les Pelerins visitent avec grande attention.

Spolette est une ville fort triste, quoi que Capitale d'un Duché qui porte son nom. Cette contrée étoit la veritable Province d'*Ombrie* de laquelle l'Empereur *Justin* rapella *Narses*, ce grand General de ses Armées, pour y envoyer *Longin*, avec le pouvoir & le titre d'*Exarque*. Ce dernier gouverna toute l'*Italie*, aïant sous lui des Gouverneurs, & des Capitaines, qu'il apella Ducs. C'est de là que les gouvernemens se diviserent en Duchés, & que quelques descendans de ces Chefs se sont cru sortis de Maisons Souveraines.

Spolette est bâtie en partie sous une montagne qu'on apelle le *Mont d'or*, laquelle n'est habitée que par quinze Solitaires qui vivent séparément dans autant d'hermitages, très joliment bâtis.

Terni, que les anciens *Romains* nommoient *Interamnia*, à cause qu'elle est située entre plusieurs lacs, n'est point desagréable. C'est la ville où est né *Corneille Tacite*. On se delasse, à quatre lieues de là, à la vue d'une merveilleuse cascade, dont la beauté fait oublier celle de *Tivoli*.

Narni, où l'on couche si l'on veut en allant, ou en venant de
Terni,

Terni, prend son nom de la riviere de *Nar*, sur laquelle elle est située. On l'apelloit anciennement *Nequinum*, comme on diroit *méchante ville*, à cause que ses habitans pressés de la famine, pendant un Siége, resolurent de perir tous, & de s'entretuer avant que de se rendre à leurs ennemis: de sorte qu'ils commencerent par tuer leurs enfans, leurs sœurs, leurs meres, & leurs femmes, après quoi ils se brulerent tous.

On commence à découvrir, à quatre Milles de *Narni*, les fauxbourgs de l'ancienne *Rome*, entre autres de grandes arches ruinées qui servoient autrefois à soutenir des acquéducs ou des ponts, & on se rend par une assez belle route au *Ponte Molo*, où l'on trouve le *Tibre*, qui n'est large & rapide, que dans les descriptions que les Poëtes nous en ont faite. Le *Ponte Molo* est dans un lieu

I 5   que

que la deffaite du Tiran *Maxence* a rendu celèbre. De ce pont qui n'offre rien de rare, on entre dans la ville de *Rome* par la porte *del Popolo*.

CHAPITRE IX.

De la ville de Rome, *de sa fondation, de ses édifices, de ses environs, des villes de sa dépendance, des mœurs de ses habitans, & de la Religion ; avec le caractere des principaux Ministres de cette Cour.*

Tant de grands Historiens, & de sages Voyageurs ont écrit & parlé de *Rome*, qu'il y a peu de villes qui soient à présent aussi generalement connues. Elle est redevable de sa fondation, comme personne ne l'ignore, à *Romulus* & *Remus*, deux freres jumaux dont l'origine n'est pas moins fabuleuse, qu'une partie de ce qu'on sçait de leurs avantures & de leurs differentes destinées ; & tout ce qui s'est passé depuis la tirannie des *Tarquins* a été si exactement décrit, qu'il me paroît inutile de le répéter. Tout ce qui m'engage donc à mettre au jour les observations que j'ai faites sur le caractere de ceux qui y jouent aujourd'hui les premiers rôles, c'est que je suis persuadé que les mêmes personnes n'étoient peut-être point telles, il y a dix ans, qu'elles le paroissent sous le Pontificat de *Benoit XIII.* & que dans un autre tems, elles pouroient être aussi differentes, parce que l'homme ne change que trop souvent de conduite, & de desseins, ou par l'inconstance de ses passions, ou par des accidens que la prudence humaine ne sauroit prévoir.

Cependant ceux qui ne connoissent *Rome* que sur la foi d'autrui, ne la voyent que très imparfaitement, & n'y trouveroient pas même les vestiges d'un nombre infini d'antiquités, que l'on compte d'y trouver sur la parole de plusieurs Ecrivains: comme par exemple la maison dorée de *Neron*, le beau théatre de *Pompée*, la Tour de *Mecenas*, l'hypodrome, la maison de *Gordian*, le grand Cirque *Flaminien*, la maison de *Scipion*, les Arcs triomphaux d'*Auguste*, & de *Domitien*, & tant d'autres ouvrages, dont il ne reste point de vestige.

La plus grande partie du *Capital*

pitole ne subsiste que dans l'histoire, & on ne visite sa petite place qu'en faveur de la fameuse statue équestre de l'Empereur *Marc Aurele*. Cette statue est d'un cuivre qui n'a pu conserver sa dorure, & passe pour la plus belle statue du Monde.

On voit dans le *Conservatoire*, qui est le Palais des Senateurs, quatre pièces merveilleuses du triomphe de ce *Marc Aurele*. Dans la premiere il est assis sur son Char de Triomphe; dans la seconde il sacrific; dans la troisieme il distribue des largesses au Peuple *Romain*, & dans la quatrieme il reçoit les presens de la ville. Ces quatre pièces sont si parfaites qu'elles firent dire à *Michel Ange*, que *le Prince & le Sculpteur y triomphoient ensemble.*

Le Pape n'est pas magnifiquement logé dans son Palais de *Mon-*

te Cavallo, où il passe une partie de l'été. Ce Prince peut voir de son apartement un des chefs-d'œuvre de l'antiquité, qui donne son nom à cette place. Ce sont deux chevaux de marbre, que deux hommes tiennent par les rennes; l'un de *Phydias*, & l'autre de *Praxitelle*, & qui furent envoyés à *Neron* par *Tiridate* Roi d'*Armenie*.

Ceux qui ont du goût pour les beaux arts, le peuvent perfectionner dans cette ville, où l'on est assuré d'entendre, tous les jours de l'année, dans quelque Eglise, une musique admirable, indépendamment des concerts extraordinaires. On trouve sur plusieurs places, & dans beaucoup de Palais, & pour l'antique, & pour le moderne, tant de differens chef-d'œuvres des plus habiles Sculpteurs, des plus parfaits Architectes, & des plus fameux Peintres, qu'il qu'il feroit difficile de ne point aprendre. Le moyen de réussir est d'étudier méthodiquement, & de se régler scrupuleusement, mais avec choix, sur d'aussi excellens modeles.

Les jeunes Peintres ne doivent pas manquer de rendre leurs premiers hommages à la galerie du Palais *Farnese*, dans laquelle ils trouveront de belles pièces du celèbre *Carache*, qui representent l'histoire des amours des faux Dieux, & de Déesses des *Payens*. On m'y fit remarquer un buste d'*Apollon*, taillé dans un caillou de *Milan*, qui vaut beaucoup. On peut aussi facilement prendre de bonnes leçons, pour la sculpture, dans le Palais de *Justiniani*, où se trouve une quantité étonnante de statues parfaites.

Il y a peu d'Eglise dans cette ville, qui ne soit bien bâtie, & richement ornée.

La

La *Rotonde* qu'on apelloit autrefois le *Panthéon*, à cause que ce Temple étoit dédié à tous les Dieux, est la plus hardie pièce que j'aie encore vue. *Pline* en parle comme de l'unique modele d'une parfaite architecture, & du plus rare ouvrage de son tems. Mais l'Eglise de la maison professe des *Jesuites*, où le porphyre & les pierres précieuses sont prodigués avec tant d'art & de goût, a tout un autre brillant, & n'aproche pourtant point de la beauté de celle de *St. Pierre*.

Ce Temple, tout revétu de marbre, est un parfait peristile. Les colomnes sont d'une grosseur, & d'une hauteur qui rendent cet édifice très majestueux. Au dessus de l'architrave & de la frize, sont de riches peintures, comme la représentation du Pere Eternel dans sa gloire, des Anges qui le servent, des trophées
des

des premiers Martyrs, & des miracles des plus grand Saints. On y admire les tombeaux de plusieurs Papes, principalement celui du Chef de la Maison de *Parme*, dans lequel il semble que la sculpture doit avoir épuisé ce qu'elle a dans son art de plus cher, & de plus rare. Il est triste que le libertinage, & l'ignorance des Prêtres deshonorent un Temple si magnifique. C'est ce qui fit dire au Cardinal de *Coaslin* que *Dieu étoit fort bien logé à* Rome, *mais qu'il y étoit fort mal servi.*

Le *Vatican*, contigu à l'Eglise de *St. Pierre*, est la residence ordinaire des Papes. C'est un bâtiment immense, que plusieurs Pontifes ont successivement augmenté d'un apartement, ou d'une pièce détachée. Ces differentes pièces, qui se communiquent par de longues & belles galeries, font un tout fort considérable

rable & bien magnifique, dans lequel on peut s'inftruire agréablement du goût de tant de differens fiècles. C'eft dans ce vafte Palais que les plus fameux Peintres, & les meilleurs Architectes, ont laiffé des monumens ineftimables de leur habileté, & que les Curieux peuvent puifer de belles connoiffances, dans une bibliothèque d'une étendue prodigieufe, fuperbement bâtie, Royalement entretenue, & enrichie de quantité de bons originaux, & des plus rares Manufcrits, que les Pontifes *Romains* ont acquis pour de grandes fommes, de l'avarice des *Orientaux*.

Le revenu du Pape feroit peu confiderable fans le cafuel, & fon trefor eft peu de chofe, depuis que l'Empereur *Charle-quint* jugea à propos de l'épuifer. D'ailleurs les parens du Pape agonifant, tâchent de regagner

dans

dans les derniers momens de sa vie, ce qu'ils n'ont pu recevoir de sa liberalité, outre qu'il ne manque jamais d'être pillé par la plus grande partie de son Domestique.

Le convoi funèbre d'un Pontife *Romain* reſſemble plus aux funerailles d'un General d'Armée, qu'à l'enterrement d'un Patriarche. On ne voit autour de son cercueil, ni croix, ni flambeau, ni banniere; mais son corps porté à découvert, dans une litiere ouverte, eſt ſuivi de ſept pièces de Canon, qui precèdent ſa Gendarmerie, & ſes Gardes du Corps, que l'on prendoit plutôt pour des Eſcadrons d'un arriere-ban nouvellement aſſemblé, que pour une Cavalerie diſciplinée.

Les plus illuſtres Maiſons de *Rome*, excepté celle des *Urſins*, & de *Colonne*, doivent à la thiare leur premier luſtre. Celles de de *Savelli*, & *Frangipani*, sont assez anciennes. Les *Barberins*, & les *Borgheses*, Etrangers d'origine, plus puissans, & moins bons que les *Justiniani*, qui sortent de *Sicile*, se donnent des airs de Prince, & regardent indifferemment les autres familles.

On donne la preference aux Palais de *Pamphile*, de *Colonne*, de *Borghese* & des *Barberins* sur tous les autres. Je crois que l'on accorde le pas aux trois premiers Palais, en faveur de leurs galeries, que l'on ne peut trop souvent visiter. Les Cabinets du Cardinal *Gualterio*, remplis de quantité de raretés, attirent de même la curiosité des Etrangers, aussi bien que ceux de plusieurs Seigneurs particuliers.

La bibliothèque des Peres de la *Minerve* est après celle du *Vatican*, la plus considerable, & on y trouve un assemblage étonnant

nant de bons & de mauvais Livres, avec beaucoup de Manuscrits, dont je ne voudrois point garantir l'autenticité. C'est sur les débris d'un ancien Temple de *Minerve*, que l'Eglise de ces *Peres Dominicains* est bâtie. On y voit plusieurs beaux tombeaux, comme celui de *Léon X.* & de *Clément VII.* sortis de la Maison de *Médicis*, & celui du Cardinal *Pimantel*. Les deux premiers mausolées sont de la main du celèbre Architecte *Bandinelli*, & c'est tout dire. C'est dans leurs maisons de campagne qu'on apelle des *Villa*, que les Princes *Romains* font le plus de dépense. Ils y passent une partie de l'été & de l'automne, & la plupart y vivent fort honorablement, principalement le Prince *Ruspigliosi*, qui est honoré de ceux qui le connoissent. Les *Villa* de *Pamphile*, de *Montalte*, de *Ludovisi*, sont belles & delicieuses

licieuses comme plusieurs autres, mais on trouve encore plus d'agrémens dans celle de *Borghese*. C'est un enclos des plus vastes, entouré de murailles, où l'on se promene dans des allées à perte de vue, fort bien entretenues & très régulierement plantées, mais dans un goût qui n'est connu en *France* & en *Hollande*, que de ceux qui ont voyagé dans l'*Italie*. Ces jardins sont fort agréables, & l'on voit dans cette même enceinte, des étangs couverts de plusieurs espèces de canards, des volieres d'oiseaux, des bosquets ornés de statues, des tonnelles, des grottes, des fontaines, des jets d'eau, quantité de toutes sortes d'arbres fruitiers, un Parc, & des maisons fort jolies dans lesquelles on va se delasser. Le Palais du Prince est rempli d'un très grand nombre de statues, & de belles peintures, & les apartemens sont ornés

nés d'une infinité de curiosités.

Les Dames *Romaines* sont naturellement belles. Elles aiment prodigieusement la dépense, & ne menagent pas plus les finances de leurs Maris, que celles de leurs Galands. Elles ne sont point ingrates, mais on les dit fort légeres, & très dangereuses.

L'Inquisition de *Rome* châtie ceux qui déclament contre les abus de son Eglise, les Athées dénoncés par la voix publique, & les Blasphémateurs endurcis; mais les uns & les autres y sont moins mal qu'on le publie, & ceux qui en parlent differemment ne sont pas bien instruits de ce qui se passe dans les prisons de ce Tribunal.

Benoît XIII. étoit heritier d'un Prince assez riche, de la Maison des *Ursins*, lors qu'à l'âge de dix-huit ans, il quita la maison du Duc son pere pour embrasser l'état

tat Monastique. Ce Pontife est irreprochable dans ses mœurs, affable, simple & charitable jusqu'à la prodigalité, mais le St. homme ne voit & n'agit que par les conseils de son Favori le Cardinal *Coscia*, qui n'a point assurément la voix du Peuple.

Le Cardinal de *Polignac*, sorti d'une des plus anciennes Maisons de *France*, se ressent dans ses affaires domestiques d'un derangement qui se substitue de pere en fils à ceux de cette famille. Cet habille Ministre, grand & bien fait, d'un port majestueux, aiant des lumieres qui égalent son experience, est fort instruit par la mauvaise fortune.

Alberoni, homme de peu & de petite mine, passe pour un fort grand genie. Il parle volontiers, & tant qu'on veut, & ne se dévelope pourtant point. On le croit secret, & capable non seulement de former

former, mais d'exécuter les plus grands projets. Cependant les *Espagnols* décident qu'il y a plus de brillant que de justesse dans l'esprit de ce Cardinal. Il est honnête, & peu attaché au ceremonial, mais plus porté pour un homme de fortune, que pour une personne de naissance, & trop économe dans sa dépense.

Le Cardinal *Cienfuengos*, *Espagnol* d'origine, & nouri dans le sein des *Jesuites*, fait plus de bruit que d'affaires. Ce Prelat qui est Ministre de l'Empereur, ne se distingue, comme le Cardinal *Pereira*, chargé des affaires du *Portugal*, que par sa dépense.

Le Cardinal *Ottoboni* a promis au Pape de reformer ses mœurs, & n'a donné pour caution que son Baptistere daté de 66 ans.

Les spectacles sacrés sont les processions des Penitens, pendant la semaine sainte; des Peres de l'*Oratoire* pendant le Jubilé ; le jour du jeudi saint la procession des *Espagnols*, dans laquelle éclate une partie de la superstition de cette nation ; la procession des jeunes filles, le jour de la fête de l'Annonciation de la Vierge ; la cavalcade du Pape, & des Cardinaux ; celle du Prince *Colonne* qui va en qualité de Connétable du Royaume de *Naples* presenter la bourse & la haquenée au Saint Pere ; la *Girandola*, & les beaux feux d'artifice que l'on tire le jour de cette ceremonie, savoir la veille de *St. Pierre*, & plusieurs autres beaucoup moins dignes d'être vues.

On met au rang des spectacles prophanes, les entrées publiques des Ambassadeurs, leurs cavalcades, les réjouissances du Carnaval, où toute la Noblesse paroît dans les rues avec beaucoup de bruit & d'éclat, & les representations

tations d'opera, dont les décorations sont plus magnifiques qu'en nul autre pays.

Rome dont les murailles sont entierement éboulées, n'est point fortifiée, & le château *St. Ange*, qui ne vaut pas la plus petite de toutes les citadelles, ne peut resister lors qu'il sera battu par quatre pièces de gros Canon.

Le commerce est encore plus ruiné dans cette ville que dans les autres Ports d'*Italie*, & les Marchands qui se sont avisés d'y faire transporter par mer les meilleurs vins de *France* & de *Hongrie*, ne s'en aviseront de long tems. Il n'y a que les Marchands de draps & d'étoffes d'or & d'argent qui s'y soutiennent, sans espoir d'y faire des fortunes, & quelques petits Négotians de grains qui ne s'y ruinent point.

Frescati, qu'on apelloit anciennement *Tusculum*, est une petite
ville

ville dont les environs sont embellis de quantité de Palais, de jardins, de fontaines, & de belles promenades : c'est la patrie de *Caton*, & l'azile voluptueux où *Ciceron* & *Luculle* alloient passer des momens delicieux.

La vigne *Aldobrandine* est dans une situation admirable, aiant d'un côté la vue de la campagne, & de la ville de *Rome*, & de l'autre une montagne qui est couverte de lauriers, & ornée de fontaines, de cascades, de napes d'eau, & de tant d'autres choses dont le détail pouroit remplir un Livre. La salle d'*Apollon* dans laquelle on voit ce Dieu assis sur le mont *Parnasse*, au dessus des neuf Muses, qui tiennent differens instrumens, dont elles jouent, n'est point si curieuse que l'orgue que l'on a placée sur cette montagne, laquelle joue tout autant qu'on veut, l'art faisant faire à l'eau le même

même mouvement que la Nature donne à la main d'un Organiste.

Abano que les Anciens apelloient *Alba longua*, est un des sept Evéchés, qui sont autour de *Rome*, & qu'on ne donne ordinairement qu'aux plus anciens Cardinaux. On ne trouve dans cette pauvre ville qu'une ancienne Eglise, & quelques vieilles maisons. Il est surprenant que les *Romains* n'y ayent point fait travailler, tant à cause de la pureté de l'air, & de sa situation, que par raport à la delicatesse de ses vins. *Tivoli* est plus grand & de plus de ressource pour les Curieux, par le nombre de ses jardins & par la beauté de ses cascades.

Le Monastere du *Mont Cassin*, dans lequel se retira *St. Benoît*, avec plusieurs Solitaires qui suivirent sa règle, est le plus beau Couvent de l'Etat Ecclesiastique. L'Eglise dont le tresor est très riche,

K 3   aproche

aproche un peu de *St. Pierre* de *Rome*, & l'Architecte n'a rien épargné quand il a bâti le Cloître & le Dortoir de cette Abbaye. C'est dans cette retraite que l'hofpitalité s'exerce noblement par des Religieux, qui font tous gens de qualité, & que la tranquilité a trouvé un azile impénétrable jufqu'ici au poifon féducteur de la fauffe gloire, & de la volupté.

Velitri n'eft connu que parce que la famille de l'Empereur *Augufte* en étoit originaire. *Foffa Nova*, dans laquelle eft mort *St. Thomas d'Acquin*, en allant au Concile de *Lion*, ne vaut guere mieux. On ne trouve à *Terracine* que les fondemens des murailles de cette ancienne Capitale des *Volfques*, & fur ce même chemin qui conduit de *Rome* dans le Royaume de *Naples*, fe prefentent confufément les ruines de la ville
d'A-

d'*Amiclée* où se retira le Philosophe *Pythagore* à son arrivée en *Italie*. De là, traversant une forêt de lauriers, on se trouve à *Fundi*, brulé il y a deux cents ans par les troupes du fameux *Barberousse*, qui devint Roi d'*Alger*. Cet Amiral *Turc* aïant apris que *Juliette* de *Gonzague*, veuve d'un Prince *Colonne*, laquelle étoit une des plus belles femmes de son tems, faisoit sa residence à *Fundi*, envoya dans cette ville un détachement, pour en enlever cette Princesse, dont il s'étoit promis de régaler le Sultan *Soliman*. Mais la Dame réveillée au bruit de cette allarme, se sauva en chemise sur un coursier, dont la vitesse la deroba à la galanterie de ces Corsaires, qui détruisirent absolument cette ville, desesperés d'avoir manqué un si bon coup.

La chauffée que l'on trouve sur la *Voie Appie*, s'est conservée des puis dix-huit cents ans dans tout son entier. C'est un ouvrage de *Clodius Appius* Chevalier *Romain*. *Procope* en parlant de cette chauſſée, dit que *c'eſt la Nature, & non l'art qui l'a faite*.

On voit près de *Mola* la place où étoit planté un des jardins de *Ciceron*, & l'endroit où l'on croit que fut poignardé cet Orateur. Mais aucune inſcription ne ſoutient cette tradition : tout ce qu'on en ſait de plus clair, c'eſt que *Mola* n'eſt autre que l'ancienne *Formie*, & que ce fut à la vue de cette ville que l'on fit mourir cet homme ſi celèbre.

CHAPITRE X.

Du Royaume de Naples, *& de sa Capitale; des principaux édifices de cette ville, de sa fondation, de ses révolutions, de ses châteaux, & de son territoire.*

LEs Curieux ne vont guere visiter le château de *Gayete*, que pour y voir le squelette de *Charles* de *Bourbon*, Connétable de *France*, qui pour éviter les persécutions de la mere du Roi *François I.* quita la *France*, & vint recevoir sur un des bastions de *Rome* un coup de mousquet, qui le tua à la tête des troupes de l'Empereur *Charles-quint*. Le corps de ce Prince malheureux, & di-

K 5 gne

gne d'un meilleur fort, fut porté à *Gayete*, où on le voit tout debout, avec ſes habits, ſes bottes, ſes éperons, ſes armes, & une épitaphe au deſſus de ſa tête, qui traduite de l'*Italien* en *François* ſignifie:

La France *me donna du lait*, l'Eſpagne *de grands emplois*, Rome *la mort*, & Gayete *la ſépulture*.

Gaeyte eſt une preſqu'iſle ſituée ſur un cap. On découvre de ſon château, dont on a abandonné les fortifications, juſques à trente Milles du côté de la mer, & deux grandes montagnes qui menacent la terre ferme.

On remarque, à la vue de *Garigliano*, les triſtes reſtes d'un ancien amphithéatre, & les ruines d'un acquéduc. Le premier étoit bâti près d'une ville, que l'on apelloit *Minturne*, & dont on ne voit aucun reſte

Je découvris, des prairies de *Minturne*, la montagne de *Garo*, nommée anciennement *Mons Massicus*, & célèbre par ses vins excellens, qui ne cèdent guere à ceux de *Falerne*, dont on a tant parlé. Je ne sais point s'ils étoient aussi exquis dans le siècle d'*Horace* qu'ils le sont aujourd'hui, mais je puis assurer que l'on en trouve peu d'aussi agréables à présent.

A deux lieues des prairies de *Minturne*, on entre dans une autre *terre de promission*. C'est la *Campagne heureuse*, ainsi nommée, à cause de la bonté de l'air, de la beauté du pays, & de son extrême fertilité. Ce fut l'écueil, où vinrent échouer les forces d'*Annibal*, après avoir si souvent triomphé de la puissance *Romaine*. Pline dit, que *la Nature devoit être de bonne humeur*, lorsqu'elle enfanta une aussi belle contrée.

Cette brillante *Capoue*, qui paſſoit pour la troiſieme ville de l'Univers, ne paroît plus que dans l'hiſtoire ; & le reſte de ſa grandeur a diſparu avec ces Dames qui, pour éviter les violences amoureuſes d'une armée de *François* que l'on y avoit reçus, ſe précipiterent dans le *Volturne*.

On a bâti une nouvelle *Capoue* à deux lieues de l'ancienne. Delà on paſſe à *Averſe*, qui fut ruinée par *Charles I.* Roi de *Naples*. Ce fut dans cette ville que la Reine *Jeanne* étrangla ſon infortuné Mari *Andreaſo*, & qu'elle reçut enſuite un pareil traitement.

D *Averſe*, on ſe rend inſenſiblement à *Naples*, que l'on nommoit autrefois *Parthenopolis*, du nom de l une des Sirenes. On l'apelle aujourd'hui *Neapolis*, comme qui diroit *Ville-neuve*, à cauſe que les habitans de *Cumes*, aïant ruiné par jalouſie *Parthenopolis*,

nopolis, furent tourmentés d'une peste si furieuse, qu'ils furent obligés enfin de consulter l'Oracle, qui répondit, que *leurs maux ne finiroient qu'au rétablissement de cette ville*: ce qui arriva l'an du Monde - - - - - Mais rien n'est plus fabuleux que cette époque, & toutes ses circonstances. *Naples*, dite la *Gentille*, a d'un côté la *Campagne heureuse*, & de l'autre la *Méditerannée*, de sorte que la terre & la mer semblent agir de concert, pour la pourvoir abondamment de toutes choses. Elle est fort bien bâtie, & sa grande rue de *Tolede*, pavée de pierre de taille aussi polie que le marbre qu'on met en œuvre, n'a point sa pareille en aucune autre ville. Du reste, les Palais ne répondent point à la beauté de leurs meubles. Ils sont remplis de belles statues, & de tableaux d'un fort grand prix. Après le Palais du Vice-Roi,

Roi, dans lequel un Empereur seroit logé selon sa dignité, ceux de *Gravino*, de *Caracio*, d'*Ursino*, de *Tolede*, & de *Sulmone*, m'ont paru les plus beaux : & les ruines que causa la révolte de *Mazanielli*, dont le veritable nom étoit *Angelus Maya*, ont été si bien réparées, que l'on ne parle plus de ce miserable.

Il y a peu de maisons, qui ne soient couvertes de terrasses, en plate forme, qui valent bien des parterres, & sur lesquelles on prend le frais le matin & le soir.

On y trouve plusieurs belles places, où la Noblesse se promene, mais chacun y garde son rang, & la premiere classe des Nobles ne se confond point avec ceux de la seconde. C'est à peu près de même à *Genes*. Le mole est une belle promenade, qui avance un grand quart de Mille dans la mer. C'est le rendez-vous

des

des Bourgeois, qui vont s'y delasser le soir des fatigues du jour.

Les Eglises de cette ville ne cèdent en magnificence, qu'à la principale de *Rome*. La métropole est trop ancienne pour être à la mode ; mais une chapelle nouvellement bâtie, est à proportion aussi belle que le dôme de cette Eglise, dont la peinture est un ouvrage de *Domenichino*. C'est dans cette nouvelle chapelle que se trouve placé le tombeau de *St. Janvier*, Evêque de *Benevent*, que cette ville a pris pour son Patron. On y conserve de son sang, dans un petit vase de cristal, où il est congelé. Il y en a qui disent que, quand on l'aproche de la tête de ce Saint, il devient liquide ; & on ajoûte que le Comte de *Lival*, qui passoit pour un incrédule, se convertit à la vue de ce miracle. Mon heure sans doute n'étoit pas encore venue,

nue, puisque je ne vis rien d'extraordinaire dans tout ce que l'on nous montra.

C'est dans l'Eglise des *Cordeliers* que repose le corps de *Lautrec* qui mourut dans ce Royaume, après avoir commandé trop long-tems les Armées de *France* en *Italie*. On dit que les *Espagnols* firent la dépense de ses funerailles, & qu'ils le regreterent, soit qu'ils eussent du respect pour ses vertus, soit qu'ils apréhendassent qu'il n'eût un successeur qui sçût profiter de ses fautes.

L'Eglise des *Dominiquains* n'est pas plus belle que les autres, mais elle est plus richement ornée, ses tapisseries étant chargées d'une broderie d'or relevée en bosse. On y montre à ceux qui ont assez de foi pour le croire, un crucifix qui doit avoir parlé à *St. Thomas d'Acquin*, pour le remercier des belles choses que ce Docteur

teur avoit écrites en faveur du fils de Dieu. On a mis en dépôt dans la sacristie de cette Eglise, des caisses, les unes couvertes de velours blanc, d'autres de rouge, dans lesquelles sont les corps d'*Alphonse I.* Roi de *Naples* & d'*Arragon*, de la cruelle Reine *Jeanne*, d'un Empereur de *Constantinople*, & de plusieurs Princes & grands Seigneurs, dont les riches cercueils sont moins dignes d'être visités, que le corps du Barbier d'un Roi de *Naples*. Ce malheureux Domestique, après avoir été long-tems favori de son Maître, fut à la fin empoisonné. Son corps s'est conservé depuis quatre cents ans dans son entier, avec les mêmes habits dans lesquels il fut enseveli, & cela sans qu'on fasse plus de façon pour conserver son cadavre, que pour un autre.

  La belle Eglise des *Olivetans*,
qui

qui sont beaucoup moins riches que les *Jesuites* de cette ville, est illustrée par le tombeau du Marquis de *Pescaire* dont l'épitaphe ingenieuse rapelle en peu de mots les principales actions militaires de ce grand homme.

En allant aux *Chartreux*, j'entrai dans l'Eglise des Religieuses de *Ste. Claire*. Le tabernacle de leur maître-autel m'a paru si parfaitement travaillé, que je le crois plus beau que celui de *St. Laurent*, qui passe à *Florence* pour un modele inimitable.

La *Chartreuse*, dont la superbe Eglise est située sur une haute montagne, à côté du château de *St. Eime*, est régulierement belle: Le cloître en est quarré, bâti, & pavé de marbre blanc, & soutenu de colomnes de la même pierre. On quitte avec quelque peine un si beau cloître; mais c'est pour entrer dans une galerie, ric, d'où l'on découvre en même tems les châteaux, le pont, le mole, l'arsenal, le Port, la campagne, le mont *Vesuve*, les caps de *Misene* & de *Minerve*, l'isle *Caprée*, avec une infinité d'autres choses, qui occupent la vue agréablement. Je me promenois souvent sur ce *Belveder*, où j'avois pour surcroît d'agrémens la compagnie du *P. Canonier de Paris*, lequel après avoir suivi dans plusieurs Cours le Comte de *Galas*, en qualité de Secrétaire d'Ambassade, embrasa cet état, malgré l'oposition de son Protecteur, & l'avis de ses amis.

Le château *S. Elme*, que *Charles-quint* fit bâtir sur une éminence qui paroît inaccessible, feroit à mon avis moins de mal à ceux qui l'attaqueroient, qu'à la ville de *Naples*. On va par une digue au Fort de *Castel Ovo*, que *Guillaume* de *Normandie* fit élever sur un roc qui avance dans la mer : sa figure est ovale, & ses fortifications fort mauvaises.

Charle d'Anjou, destiné par les droits du sang à être Roi de *Naples*, fit construire le château nommé *Castel Novo*, à portée du mole, entre la ville & la mer, pour deffendre ou pour battre l'une & l'autre, selon l'occurence des tems.

Ces trois châteaux sont pourvus de bonne artillerie, & gardés par des gens, qui savent se faire entendre, quand ils declarent les volontés de l'Empereur.

Les marchés de cette grande ville sont abondamment fournis, principalement de toute sortes de fruits, qui dans leur saison ne sont pas à proportion plus chers que tout le reste.

On découvre de fort loin le mont *Vesuve*, qui ne cesse de menacer cette ville, & dont il sort
de

de tems à autre des torrens de feu, qui font des ravages épouvantables. L'ouverture de cet abime, que personne n'a été assez hardi de sonder, peut avoir deux Milles de circonference. Il en sort continuellement une fumée fort épaisse, & des flames qui éclairent pendant la nuit une partie des terres voisines.

Le Royaume de *Naples* peut avoir trois cents lieues de tour & cent cinquante de large, vingt Archevêchés, & cent vingt Évêchés, quinze cents bourgs, trois millions d'ames, dix Principautés, vingt-trois Duchés, & fort peu de familles qui puissent entrer dans les Chapitres d'*Allemagne*. Je n'ai pas fait un long séjour dans cette Capitale, où je n'ai visité régulierement que la Duchesse de *Moniano*, dont la fille unique est devenue ma parente, par son mariage avec le Comte

Comte de *Ligneville*, beau-frere du Prince de *Craon*.

Les *Napolitains* sont naturellement grands, & puissamment forts, mais lâches, paresseux, inconstans, & avares. Ils n'aiment point les *François*, & haïssent les *Allemands*. La raison de cette antipatie, quant aux derniers, vient de ce que les *Allemands* se conduisent comme des hommes raisonnables, & les *Napolitains* comme de mechantes femmes. Pour ce qui est du sexe, si les Dames d'*Allemagne* n'ont pas la delicatesse de celles d'*Italie*, elles ont plus d'honneur & de solidité.

C'est dans plusieurs boutiques de ce Royaume, mais preferablement chez de certaines béguines, que s'est trouvé de tout tems le poison le plus subtil, & le mieux préparé.

En partant de *Naples* pour visiter

siter les antiquités de *Baye*, on passe au travers de la fameuse grotte de *Pausilippus*, qui peut avoir un Mille de long : elle est extrêmement enterrée, & deux carosses y peuvent entrer de front. On voit près de l'entrée de ce souterrain, le tombeau de *Virgile*, peu éloigné de celui du Poëte *Sannazare*. Le premier est orné de lauriers, & l'autre de fort belles statues de marbre. On rencontre, sans s'éloigner beaucoup de la route ordinaire, plusieurs lacs fort anciens, comme entre autres celui de l'*Acheron*, dont les eaux sont noires & épaisses, & exhalent une mauvaise odeur. Il est voisin de l'endroit où *Neron* fit poignarder sa mere. Les Curieux vont de là se promener sur les ruines de *Marius*, & des maisons de plaisance de *Cesar*, des bains de *Ciceron*, & des premiers de *Rome* ; mais il ne reste que

que peu de chose de tous ces grands Palais; & les édifices de *Baye* ne paroissent que dans *Suétone*, ou dans l'imagination de ceux qui croyent les distinguer dans l'eau, quand le tems est fort serain. La chambre, & les bains de la Sibille *Cumée*, situés dans sa grotte, que l'on traversoit autrefois pour se rendre à *Cumes*, sont un peu mieux conservés. Quelques auteurs assurent que cette Sibille avoit prophétisé plusieurs choses sur la naissance de *Jesus-Christ*, lesquelles ont eu beaucoup d'influence sur les écrits de l'Empereur *Julien*.

Pouzzole que la mer sépare de *Baye*, est celèbre par ses bains, & par un pont de quatre mille pas, que *Caligula* entreprit de construire sur le bras de mer, & dont on voit encore plusieurs piliers, qui en ont conservé l'idée. Ce Prince poussa cet ouvrage avec deux rangs de navires, arrêtés sur leurs ancres, & couverts de planches, sur lesquelles il passa à cheval & en chariot, pour accomplir aparemment la prophétie d'un Mathématicien, qui portoit, que *Caligula* seroit Empereur, lors qu'il traverseroit le golfe à cheval. *Suétone*, qui ne loue pas ordinairement les extravagances de ce Prince, juge aussi qu'il ne s'engagea dans cette dépense, que pour épouvanter par sa puissance les *Anglois*, & les *Allemands*, suposé qu'il ne se fût point mis en tête de vouloir imiter *Xerxes*. *Pouzzolle* est sur un roc de la Côte : on y trouve les restes d'un amphithéatre, & d'un Temple dédié par les *Romains* à l'Empereur *Auguste*. On y boit du *Lacrima*, & du vin de *Falerne* tant qu'on veut. Les *Capucins*, ou les Clercs réguliers, sont la ressource des Etrangers, dans ce Canton, d'où l'on passe en deux heures à l'isle de *Caprée*, ou *Capris*, qui est sur la mer *Tyrrhene*, ou de *Toscane*.

Caprée est dans une situation admirable ; l'air en est pur, & ses sources aussi delicieuses que les fruits qu'on y mange. Les ruines du Palais, que *Tibere* y avoit fait bâtir, témoignent encore que rien n'étoit comparable à la grandeur de cet édifice. Les bains de cet Empereur ne sont point si fort détruits, qu'il ne s'y trouve de belles preuves de la prodigalité de ce Débauché, qui commettoit dans leurs souterrains toutes sortes de crimes, qu'il ne pût derober, malgré ses grandes precautions, à la connoissance de *Suétone*, & de plusieurs autres Auteurs.

Les Chartreux y reçoivent parfaitement bien les Etrangers, & les logent de même. Le Cou-
vere

vent de ces Solitaires est un des plus riches & des plus beaux de leur Ordre. La situation en est admirable, puisqu'il est placé dans le plus bel endroit de l'Isle, dont le séjour est preferable aux plus agréables de notre horison. D'ailleurs son unique ville, qui est Episcopale, est miserable, & remplie de quantité de canaille.

CHAPITRE XI.

Du Duché de Calabre, *des deux* Siciles, *de leurs principales villes; de leur fondation, de leurs révolutions, des mœurs de leurs peuples, de leur industrie, & de leur situation presente; avec une description exacte de la force de leurs principales forteresses.*

LE Duché de *Calabre* que la mer ne sépare point du Royaume de *Naples*, duquel il fait partie, est de conséquence par sa situation; mais cette province qui proprement n'est qu'une presqu'isle, qu'isle, n'a point de forteresses, de sorte que le maître de la campagne est en possession de toutes les villes de ce Duché, qui ne sont point fortifiées. Les *Grecs* les peuplerent anciennement : les *Romains* les assujettirent ensuite, & furent à leur tour vaincus par les Empereurs de *Constantinople*, lesquels furent contraints par une trahison de céder cette Contrée aux *Sarrazins*, qui s'en emparerent vers l'an 830. Ceux-ci faisoient des courses, & jettoient l'effroi dans toute l'*Italie*, qui fut vengée par *Guichard* de *Normandie*. Ce fameux *Normand* fut Duc de la *Pouille* & de *Calabre*, & on ne le vit renaître que dans ses arrieres-neveux, dont le premier sur lequel on parla assez diversement, fut Roi de *Naples* & de *Sicile*. Ce Prince se plaisoit fort à *Reggio*, dont il eût preferé le séjour à toute autre ville, si elle eût

eût été moins exposée aux tremblemens de terre.

On ne voit à *Reggio*, Capitale de *Calabre*, aucune jolie maison, mais la campagne, quoique mal habitée, est capable de satisfaire la curiosité des Voyageurs les plus difficiles. Le Laboureur ne laisse rien d'inutile dans ses champs : les valons émaillés d'une infinité de fleurs, offrent de gras pâturages à un grand nombre de bestiaux, & ses montagnes qui se presentent comme un amphithéatre, sont ornées la plupart dès les premiers jours du mois d'Août de grosses grapes d'un raisin déja mur, qui flate extrêmement les Vendangeurs du pays. D'autres sont chargées de forêts de sapins, ou de chênes verds, qui sont remplies du meilleur gibier que l'on puisse manger.

On ne trafique à *Reggio*, de même que dans les autres villes
du

du pays, qu'en grains, en huiles, & en laines; mais le commerce n'y enrichit personne, & cette Contrée est très dépourvue d'espèces.

Palerme, ou *Panormus*, Capitale du Royaume de *Sicile*, est située dans la valée de *Mazara*, qui est une des plus vastes & des plus belles de ce Royaume.

La ville de *Palerme* merite fort d'être la Capitale de ce Royaume, tant par la magnificence de ses édifices sacrés, que par la beauté de ses Palais, & de ses places publiques qui sont remplies de fontaines, & d'une infinité de jets d'eau. C'est le séjour ordinaire du Vice-Roi, & de la Noblesse du pays qui est nombreuse, illustre, fort puissante, fort attachée à l'*Espagne*, & très peu au Gouvernement *Allemand*.

Le Port de cette ville est fort bon, mais si mal gardé qu'il est

est surprenant que les Corsaires de *Thunis* n'enlèvent point de tems en tems ceux qui s'y promenent toutes les nuits, comme dans une des plus belles promenades & des plus fréquentées de cette ville.

Patti est un miserable bourg dont on ne parlera dans l'avenir qu'à cause du General *Merci*, qui y débarqua en 1718. avec une partie des meilleures troupes de l'Empereur.

Melazzo, dont la ville basse n'est pas fortifiée, est dans le val de *Mona*. Le château & la vieille ville, sont bâtis sur une hauteur fort élevée, que les *Allemands* ont long-tems deffendue dans la derniere guerre, contre les *Espagnols*. Il y a eu beaucoup de sanglants combats pendant le tems qu'a duré ce fameux Blocus, qui n'auroit fini que par la prise de cette ville, si le General *Espagnol* n'en eût abandonné le siége,

pour

pour en venir à une bataille, que perdirent les *Allemands*. Mais le Marquis de *Lede* s'embarassoit peu de profiter de ses avantages, & empécha le soulevement general des peuples de la campagne, aïant reçu de *Madrid* des ordres qui portoient qu'il eût à menager ses troupes, pendant que les deux Cours travailloient à un accommodement, qui devoit être incessamment conclu.

Les environs de *Melazzo* ne sont pas desagréables, & la campagne depuis cette ville jusques à l'Abbaye de *Ste. Lucie*, dans laquelle le Marquis de *Lede* avoit pris son quartier, est fort amusante.

On commerce en grains, en huîles, en laines, & en fruits dans tout ce Canton; mais les fruits n'y sont point aussi bons qu'à *Reggio* & dans toute la *Calabre alterieure*, où tout ce qu'on trouve en gibier, volaille, & autres choses propres à la nourriture de l'homme, sont excellentes: de sorte que l'on y vit aussi gracieusement que dans aucun pays de la terre, à cela près qu'il faut être pourvu, quand on y voyage, d'un Domestique qui sache faire la cuisine.

Messine est une grande ville assise au pied de plusieurs montagnes qui la commandent absolument, & sur lesquelles il y a des Forts, & des ouvrages d'où l'on peut remarquer les mouvemens de ses habitans, qui aiment autant le changement qu'aucun peuple du Monde.

Le quai qui règne le long du Phare, ou du canal, peut avoir trois Milles de longueu. Il est bordé du côté de la ville, d'une rangée de maisons qui se soutiennent régulierement dans toute son étendue. Tous ces bâtimens parfaitement

faitement alignés, font également bâtis de pierres de taille, extrêmement élevés, mais uniformes dans leur hauteur, de même que dans leur construction. Toutes ces maisons qui paroissent n'en faire qu'une, sont autant de Palais.

Les Eglises de cette ville ne sont rien en comparaison de la Cathédrale. Son maître-autel, dont le rétable est d'or massif, est le plus somptueux, & le mieux travaillé que l'on puisse voir, sans excepter le plus beau de *Rome*. La voûte de ce Temple, qui est orné de quatorze statues collossales de marbre, & pavé de pierres fort rares, & de differentes couleurs, est peinte dans son entier des mains de *Polidor*, & de plusieurs ouvriers de cette réputation. On voit à l'entrée du chœur de cette Eglise quatre cercueils couverts de drap d'or, élevés sur des pilliers, dans lesquels sont renfermées les cendres de deux Rois, & de deux Reines, qui augmenterent les revenus de l'Archevêque & de ses Chanoines. Cet Archevêché peut valoir vingt-cinq mille écus.

Les *Allemands* soutiennent que la citadelle de *Messine* sera imprenable, quand elle sera bien pourvue de vivres, & deffendue par un habile Gouverneur.

On ne peut attaquer cette forteresse que par deux endoits : ou du côté de la mer, dont les eaux remplissent son large fossé, ou du côté de la terre, dont le terrain est si étroit que le front de l'attaque contraint extrêmement les Assiégeans, qui ne peuvent s'étendre, ni échaper au feu des ouvrages d'un double chemin-couvert, où il est bien difficile de venir à la sape. Les bastions sont bien revêtus & fort enterrés, de maniere

re que les Assiégés peuvent faire un feu rasant, qui doit être fort meurtrier.

Il y a dans cette citadelle une grande citerne à l'épreuve des bombes; des souterrains pour loger quinze cents hommes, un magasin à poudre, trois casemates pour des Officiers, & une Chapelle; le tout en bon état & bien à couvert. Quant à l'attaque du côté de la mer, elle n'épouvantera point un Commandant qui menagera sa poudre, & qui saura faire usage de sa nombreuse artillerie.

Le Port de *Messine* dans lequel l'Armée navale la plus complette se trouve en sûreté, est un des plus beaux & des plus commodes de l'*Europe*. Les *Siciliens* n'épargnent ni leur vie, ni leurs biens, quand il s'agit de bien recevoir une flote qui vient briser leurs fers. Ceux que les *Allemands* leur font

font porter actuellement, leur paroissent si durs, & si pesans, qu'il n'y a point de peuples plus disposés à une révolte generale que ceux-ci, qui n'attendent que l'occasion de se pouvoir mettre en liberté.

Le Phare, ou le canal, est toujours dangereux à passer, & les plus sages Capitaines ont la précaution, quand ils y entrent, ou qu'ils en sortent, de se munir d'un pilote du pays.

Tous les Historiens ne s'accordent point sur les commencemens de *Messine*, que les *Latins* apelloient *Messana*. Il n'est pourtant pas contesté qu'elle soit très ancienne, aïant été fondée, selon le sentiment le plus suivi, par des peuples que les premiers *Lacédemoniens* chasserent de leur pays, & qui se jetterent dans celui-ci, qu'ils furent contraints de céder dans la suite aux *Romains*,

les-

lesquels y établissent une colonie.

La Jeunesse *Messinoise*, aussi bien que celle de *Palerme* & de *Syracuse*, fait ses premiers exercices dans de bons Colléges ; mais il s'en faut de beaucoup que les filles soient aussi bien instruites, les principes qu'elles succent, & leur peu d'éducation contribuant peut-être bien autant que le temperament à la corruption qui est generale dans ce Royaume, où chaque Ordre du Clergé vit dans l'ignorance & le libertinage, sans que personne en paroisse scandalisé, parce que de tout tems on y est accoutumé.

Syracuse est une des plus anciennes villes du Monde, mais en même tems une des plus pauvres & des plus tristes. Elle fut fondée, selon *Strabon*, peu de tems après le deluge, par des peuples voisins de l'*Epire*, lesquels abandonnerent leurs habitations, pour venir

venir bâtir cette ville, à laquelle ils donnerent le nom de *Hortegia*, qu'elle perdit environ sept cents quarante ans avant la naissance de *Jesus-Christ*. *Thucidide* raporte que ses habitans & les peuples de l'Isle furent en même tems subjugués par un certain *Archias*, qui passoit pour un petit-fils d'*Hercule*, & un des *Heraclides* de *Corinthe*. Cet *Archias* s'embarqua à *Naxos* avec une troupe de *Grecs*, lesquels s'emparerent de *Hortegia*, & en chasserent les habitans, qui de leur côté fonderent une autre ville à l'extrémité du *Peloponese*. Ainsi les *Grecs* resterent les maîtres de leur conquête, sous l'autorité d'*Archias*, qui les gouverna fort doucement & qui agrandit si considerablement *Syracuse*, qu'il passe chez de bons Auteurs pour le Fondateur de cette ville, quoi que tout au plus il n'en ait été que le Restaurateur.

Denis

Denis fut le premier Tiran de cette Isle. C'étoit un homme de basse naissance, qui après avoir fait de fort beaux exploits dans la guerre contre les *Carthaginois*, fut élu General des Troupes de ces Insulaires, qui le mirent ensuite sur le trône. Cet ambitieux avoit si peur que ses barbiers ne lui coupassent la gorge, qu'il se faisoit raser par ses propres filles. Ce fut ce même Tiran qui fit creuser le célèbre rocher qui porte son nom. Il est taillé au ciseau, & a la figure d'une oreille. Cinq ou six mille personnes pouvoient y être renfermées, & c'étoit la prison de quiconque devenoit suspect à ce barbare.

Le fameux écho que l'on trouve à un Mille de cette ville, est le plus fidele que l'on puisse entendre, répétant distinctement ce que plusieurs personnes séparées les unes des autres pouroient dire ou chanter,

chanter, en autant de Langues differentes.

Il y a peu d'antiquités aussi entieres que la ville souteraine, dans laquelle on entre à deux Milles de *Syracuse*. Elle fut bâtie dans les tems les plus reculés, & rien n'est mieux conservé que les maisons, les rues, & les places publiques de cette Cité, qu'on ne s'attendroit pas de trouver dans le sein de la terre.

Après la citadelle de *Messine*, *Syracuse* est la mieux fortifiée des villes de ce Royaume. Il la faut attaquer & battre du côté de la porte qui conduit aux *Capucins*, & bombarder ses magasins & ses puids qui ne sont pas à l'épreuve des bombes.

La Cathédrale de cette ville bâtie sur les fondemens d'un Temple de *Minerve*, n'est ni riche, ni ancienne. Les autres édifices sacrés sont à peu près de même.

Le

SUR L'ITALIE. 259

Le Palais de *Denis* le Tiran est absolument détruit, & on remarque que malgré sa somptuosité, il ne dura pas plus de tems que la race de ce méchant Roi, dont l'unique fils, après avoir été chassé du trône, fut réduit à s'aller faire maître d'école à *Corinthe*, où il mourut chargé d'oprobre & de misere.

Le fleuve *Alphée* tant vanté par les Poëtes, ne paroît qu'un très petit ruisseau, & la fontaine d'*Aréthuse* qui se presente à l'entrée d'une des portes de cette ville, ne conserve ses eaux décriées que pour les mauvaises blanchisseuses du pays.

Les fruits sont meilleurs à *Syracuse* qu'à *Palerme* & à *Messine*. On s'y nourrit à aussi bon marché qu'en aucun lieu du Monde, & on y trouve beaucoup de misere & peu de belles femmes. Le muscat, les bas de fil, & les dentelles,

dentelles, font subsister une partie des Marchands qui se mêlent de ce négoce.

Auguste est un des premiers postes, & un des meilleurs dont se saisit le Maréchal de *Vivonne*, lorsqu'il vint soutenir les *Siciliens* dans leur révolte en faveur de la *France*. Ce General y fit construire un Fort qui porte son nom, & qui deffend le côté d'une grande plaine, au pied de laquelle il n'est pas mal aisé de débarquer avec des troupes. Cette ville est plus ancienne que l'Empereur dont elle prit le nom, en reconnoissance de son rétablissement, dont elle lui étoit redevable. Un Grand Maître de *Malte* y a fait bâtir en dernier lieu des greniers d'une vaste étendue, qui font le principal ornement de cet endroit dont la situation n'est pas desagréable. Les Marchands y entretiennent le négoce par le commerce des grains,

grains, des fruits, des vins & des huiles.

Lors qu'un General voudra s'emparer de cette ville, qui est ouverte de tous côtés, il n'a qu'à faire son débarquement à l'oposite du *Fort de Vivonne*; & maître de cette plaine, il l'est de tout ce canon, d'où il bloque *Syracuse*, & l'oblige à la fin de capituler faute de vivres; outre que la Bourgeoisie qui est nombreuse & hardie, ne manqueroit pas de se révolter dans cette occurence, contre un Gouverneur opiniâtre.

Catania, dont l'Evêché vaut cinq mille écus de rente, est la plus jolie ville des deux *Siciles*. Les rues sont larges & bien percées, l'Eglise Cathédrale superbe, la grande Abbaye des *Bénédictins* digne d'être admirée, & les dehors très charmans. Cette ville éloignée de deux Milles de sa premiere situation, est toute nouvellement bâtie,

bâtie, l'ancienne aïant été brûlée par un débordement de flames & un torrent de feu, qui sortirent du mont *Gibel*, & qui porterent leur fureur à quinze Milles plus loin.

Les bouches du mont *Gibel*, qui n'est autre que le mont *Ethna*, ne sont pas toujours dans le même endroit, ni d'une même étendue, étant à proportion beaucoup plus longues, qu'elles ne paroissent avoir de largeur. La principale dans son inégalité peut bien avoir quatre Milles de circonference. Les flammes qui en sortent du côté du Septentrion, sont plus épaisses, & plus bruyantes, que celles qui viennent du côté du Midi; de maniere que c'est un feu qui ne cesse d'éclairer pendant la nuit toute l'étendue de son voisinage. Mais pendant le jour il n'en sort qu'une fumée étouffante, qui n'empêche pourtant point

point, quand on sait comme il s'en faut garantir, que l'on ne puisse reconnoître le fond de cette effroyable caverne. On y remarque une matiere qui brûle continuellement, aussi liquide que l'huile bouillante, mais qui forme dans ses fournaises des *Iris* aussi parfaitement mêlées que celles de l'arc-en-ciel. Outre les fréquens débordemens de feu de cette caverne, il en sort assez régulierement des pierres de differente grosseur, qui ne font grace à nul bâtiment d'alentour.

Les *Siciliens* naturellement très superstitieux, & qui raisonnent pitoyablement sur la nature de ces souterrains, soutiennent que c'est une des portes de l'enfer, & qu'il y a flux & reflux de flammes dans ces fournaises, lesquelles selon eux communiquent au mont *Vézuve* dans le Royaume de *Naples*.

Gerginte.

Gerginte, qui étoit anciennement une petite République telle que l'est à peu pres celle de *Lucques*, fut autrefois habitée par les *Carthaginois*, qui en furent chassés par les *Romains*. Ces derniers l'apelloient *Agragas*, ou *Agrigentum*, du mont de ce nom qui la domine, & dont *Virgile* fait assez souvent mention. Les anciens Auteurs en parlent comme d'une belle & florissante ville : ce qu'on ne peut croire aujourd'hui. C'est dans cet endroit que naquit le celebre Philosophe *Empedocles*, qui fut le *Diogene* de ce Royaume, à cela près qu'il adopta tous les sentimens de *Pithagore*.

Le village de *Francavilla* sera desormais fameux par le combat des *Alemands* contre les *Espagnols*, qui s'y étoient retranchés sous les ordres du Marquis de *Lede*. Ce General s'étoit posté devant ce petit bourg, qui est situé sur une montagne dont on ne peut aprocher que par des chemins bien étroits & fort difficiles, outre que l'inégalité du terrain ne souffre point qu'une armée s'y range régulierement en ordre de bataille.

Scilla & *Caribde*, dont *Homere* & *Virgile* ont tant décrié le séjour, sont deux roches redoutables, à l'entrée du détroit de la *Sicile*, du côté de *Pelore*, le premier sur la côte d'*Italie*, & l'autre sur celle de *Sicile*. C'étoient autrefois des écueils dangereux, mais dont on se moque aujourd'hui, que la navigation est si perfectionnée. Au surplus on trouve des vins exquis à *Scilla*, & d'excellentes soles à *Caribde*.

L'histoire de la fondation du Royaume de *Sicile* est si obscure dans ces commencemens, que l'on peut hardiment en contester les premieres époques. Mais aussi comme il est bien plus difficile de les combattre avec connoissance, que de les deffendre avec certitude, il paroît plus raisonnable de s'en tenir sans opiniâtreté à la vrai-semblance qui aproche souvent de la verité, que de s'entêter en voulant expliquer, ou critiquer des annales fort incertaines, & envelopées d'obscurités qu'il est impossible d'éclaircir dans des tems aussi reculés.

La *Sicile*, divisée en *Haute* & *Basse*, est la plus grande Isle de la mer *Méditerrannée*. Elle fut premierement habitée par des Peuples, qui n'aïant pu s'établir dans la *Macédoine*, fonderent *Syracuse* & *Messine*, de même que ces autres petites villes dans lesquelles ils se soutinrent près de quatre cents ans, & d'où ils furent à la fin chassés par un débordement de *Grecs*, qui inonderent tout ce pays, en même

tems

tems que la *Calabre ulterieure*. Ces nouveaux habitans dont sortent les *Siciliens*, furent assez tranquiles, malgré les guerres qu'ils eurent contre les *Carthaginois*, & contre d'autres Peuples; mais ne pouvant dans la suite suporter la tirannie de leurs premiers Maîtres, ils apellerent à leur secours les *Romains*. Ceux-ci y établirent une colonnie, qui s'y maintint, jusques au règne de *Jerome*, & de *Girolamo*. A ces derniers Rois succéderent les Princes de la Maison d'*Anjou*, lesquels perdirent ce Royaume tant par la mauvaise conduite des personnes à qui ils partageoient leur autorité, que par la légereté de ces Insulaires, qui massacrerent tous les *François*, à la reserve de G. à l'heure des vêpres du jour de Pâques de l'an 1282.

Les Historiens du pays parlent de cette cruelle expédition com-

M 2 me

me d'un évenement fort tragique à la verité, mais qui ne doit prévenir contre eux que ceux qui ne seront pas au fait de la conduite effrenée que tinrent les *François* dans les villes de ce Royaume. Il perit ce jour-là plus de Nobleſſe qu'au maſsacre de la *St. Barthelemi.* Quoi qu'il en ſoit, la Maiſon de *France* n'a pas perdu le droit qu'elle a ſur cette Couronne, comme heritiere des Comtes de *Provence.*

La ſéverité du Gouvernement *Eſpagnol,* & ſur-tout l'avarice de Don *Louis de Hijo,* porterent en 1671. les *Meſſinois* à la révolte qui fut apuyée d'une armée de *François* ; mais ceux-ci ne firent point de grands progrès dans ce Royaume.

Le Duc de *Savoye,* du conſentement de l'*Eſpagne,* prit poſſeſſion de la *Sicile,* enſuite de la paix d'*Utrecht.* Ce Prince en deux ou trois ans de règne, avoit purgé le pays d'un très grand nombre de bandits qui le defoloient continuellement, & rétabli l'ordre de la justice, & se préparoit à y faire fleurir le commerce, lorsqu'il se vit contraint d'en faire sortir ses troupes, pour faire place à celles des *Allemans*.

Un General qui débarque dans ce Royaume, doit commencer par s'emparer de tous les magasins de bled qui sont sur le bord de la mer. Il est bien aisé de s'en saisir, & de s'en faire ouvrir les portes, en y envoyant un Officier avec dix soldats : & ces vastes greniers, dans lesquels se mettent en dépôt tous les grains du pays, sans que personne en soit exemt, se trouvent à trois Milles des villes de *Gerginte*, *Termini*, *Lalicata*, *Terra nova*, *Sciaca*, *Agnoni*, & *Latrizza*.

Si le Marquis de *Lede* eût eu
la

la précaution de se rendre maître de ces prodigieux amas de grains, les Commandans des Places, & des Châteaux du pays, lui en auroient porté les clefs, & le Comte de *Merci* se fût trouvé autant embarassé de faire subsister une armée comme la sienne, que d'assiéger la citadelle de *Messine*, devant laquelle il ne pouvoit éviter de voir perir la plus grande partie de son Infanterie, sans être assuré de la prendre, si celui qui la deffendoit eût eu autant d'experience, que de bonne volonté.

Si ce pays n'est point le plus beau de l'*Europe*, sans contredit c'est un des meilleurs, & d'une continuelle ressource. Les sommets de la plus grande partie des montagnes sont chargés de villes & de bourgs fort peuplés, & leurs charmans coteaux qui s'étendent en forme de rampes très accessibles, sont remplis de vignes, ou
de

de grands champs de froment qui portent tous les ans une double moisson. Les chaleurs de l'été y sont plus suportables qu'à *Rome*, & à *Venise* ; & vers le milieu ou avant la fin du jour, l'ardeur du soleil y est temperée par de petits vents qui ne manquent point de venir adoucir l'air, & qui le purifient.

Il y a en ce pays plusieurs mines d'or & d'argent, dont les nationaux ne tirent aucun avantage, parce qu'ils sont lâches & fainéans, ne cherchant à subsister que par une mauvaise industrie, au lieu de profiter des tresors, que la Nature semble avoir déposés pour eux dans les entrailles de leur terre.

Les fleuves de ce Royaume sont à peu près comme l'*Alphée*, & tous les ruisseaux dont plusieurs roulent du sable, & des paillettes d'or, paroissent en hiver des rivieres qui coulent avec rapidité des montagnes, pour se précipiter dans la *Méditerrannée.*

Cette côte est très poissonneuse, & fournit liberalement le meilleur gibier, & toute sorte de denrées à un prix très modique.

L'argent ne roule point dans ce Royaume, mais c'est la faute des habitans du pays, qui négligent les arts, & n'entretiennent que mollement les manufactures. D'ailleurs les Officiers de l'Empereur en voyent leurs soldats à la chasse, & à la pêche, & vivent dans leur menage avec une économie qui n'accommode pas les *Siciliens.*

Les douanes, aussi-bien que les domaines du Prince, sont en très mauvais état, les premieres étant au pillage, & les autres engagés, & chargés de pensions, dont l'Empereur a jugé à propos de gratifier plusieurs Particuliers. Cependant un Prince qui verroit les choses

choses par lui-même, & qui gouverneroit en Duc de *Savoye*, remédieroit facilement à ces desordres, & remettroit ses revenus dans leur juste valeur.

On fait à *Messine* du velours, du damas, du satin, des taffetas, des bas, de beaux mouchoirs de soye, & des tapis dont l'usage est en réputation.

Le commerce des soyes, des vins, & des fruits, est le plus assuré de ceux que l'on peut faire dans le pays, celui des bleds, & autres marchandises ne se pouvant continuer que par un petit nombre de personnes, ordinairement attachées aux Gouverneurs, qui sous main s'emparent de tous les grains, sous prétexte de les mettre en sûreté pour la Compagnie qui s'est formée tout nouvellement à *Trieste*.

CHAPITRE XII.

Des Royaumes de Thunis *& de* Sardaigne : *du commerce, & des mœurs de ces peuples, de leurs forces, & de leurs principales villes.*

THunis, bâtie aux dépens de Carthage, est Capitale de ce petit Royaume, qui fait la moindre partie de l'*Afrique*. Cette ville est assez joliment située, mais aussi mal bâtie que celles de la *Barbarie*, c'est un mélange de *Turcs*, d'*Arabes*, de *Juifs*, & de Marchands de toutes les nations de l'*Europe*, qui sont en paix avec ce petit Etat, dont le Roi n'a d'autre crédit que celui de son
Con-

Conseil composé de gens de toute espèce. Ce fantôme de Roi habite un Palais qu'il a fait fortifier de son mieux, n'étant pas fort en sûreté au milieu d'une quantité de canaille, qui n'est pas plus raisonnable que fidele. Le Port n'est ni beau, ni bon, & n'est fréquenté que par quelques Vaisseaux marchands, qui viennent y charger des bleds, des huiles, des laines, & des fruits secs.

Les *Thunisiens* ont cinq Vaisseaux Corsaires auxquels ceux de *Malthe* donnent rudement la chasse, & dont ils prennent assez souvent les meilleurs ; de sorte que de tems en tems leur Marine est ruinée, & ne se remet que par l'emplette de quelques mauvais navires qu'ils achettent dans les Ports d'*Alger*, ou de *Constantinople*, ces malheureux Corsaires n'aïant ni le crédit, ni l'industrie

trie de pouvoir construire eux-mêmes des Vaisseaux, dont ils ont tant de besoin pour leur commerce.

Les restes de l'ancienne *Carthage*, qui se trouvent à six Milles de *Thunis*, ne consistent que dans quelques masures, & deux ou trois citernes dont les eaux ne guerissent de rien. Mais on n'y sauroit découvrir aucun reste du Palais de *Didon*, ni aucun monument qui nous marque quel pouvoit être le goût de ces fiers *Carthaginois*, dans leur maniere de bâtir.

La campagne de *Thunis* est riante & fertile. L'air y est plus temperé qu'à *Venise*, & on y fait asfez bonne chere.

La *Goulette* est un Fort en asfez mauvais état, deffendant l'entrée d'un bourg, qui n'est considerable que dans l'histoire de *St. Louis*, Roi de *France*. Il y a dix ans qu'un General des galeres de *Malthe* y fit faire une descente ; mais elle fut fatale aux Chevaliers qui s'en mêlerent, & le Chef de cette entreprise y perit avec un nombre de braves soldats *Malthois*.

Cette côte d'*Afrique* est dangereuse pour ceux qui ne la connoissent point ; mais ceux qui y débarquent, y trouvent de belles & fertiles plaines, & y trafiquent avec ceux du pays les marchandises qu'ils y portent, & pour lesquelles ils obtiennent en échange des bleds, des fruits, & autres productions du pays.

Le Royaume de *Sardaigne* a plus d'ancienneté, que de réputation. Il est pauvre & de peu de ressource, les habitans du pays étant paresseux & peu industrieux. Ce pays selon eux, fut habité par *Sardus*, neveu ou proche parent de *Japhet*, lequel y conduisit une colonie de gens qui le peuplerent, & dont ils se disent descendus.

Cagliari dont le Port n'est ni beau ni beaucoup rempli de navires étrangers, en est la Capitale, & le séjour ordinaire des Vice-Rois. C'est où se rassemble les hivers la Noblesse du pays qui n'est point riche. Cette ville située sur plusieurs montagnes, est irregulierement fortifiée, & ne peut soutenir un long siége.

Le Duc de *Savoye*, qui après l'évacuation de la *Sicile*, s'est mis en possession de ce Royaume, l'a purgé des bandits qui la desoloient ordinairement, & a rétabli ses domaines, & les douanes, de maniere que ce Prince, outre l'argent que l'on employe au payement de quatre ou cinq mille hommes qui le gardent, peut en retirer tous les ans soixante mille pistoles.

Ces

Ces Peuples sont pauvres, légers, & perfides. Le commerce languit tout à fait parmi eux, & on n'y trafique qu'en grains, en laines, & en fromage; mais cette derniere denrée n'est bonne que pour quelques miserables Cantons d'*Italie*; & les grains, les huiles, & les laines ne s'y trouvent qu'en fort petite quantité.

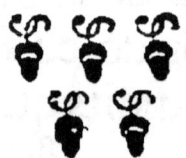

CHAPITRE XIII.

De la Principauté de Catalogne, *de la ville de* Barcelone, *de ses forteresses, de ses révolutions, de son dernier siége; des autres villes du pays, de sa situation, de l'origine de ces peuples, de leurs mœurs, & de leur commerce.*

LA Principauté de *Catalogne*, qui peut avoir reçu son nom des *Goths*, & des *Alains*, qui s'y établirent en 620, a les monts *Pyrennées*, avec les provinces de *France* au Nord, les Royaumes d'*Arragon* & de *Valence*, au Couchant,

chant, & la mer *Méditerrannée* au Midi.

Barcelone en est la Capitale. Ses autres villes sont *Tarragone*, *Tortose*, *Gironne*, *Solsona*, *Urgel*, *Mataro*, &c. auxquelles on peut joindre le riche Monastere de *Notre-Dame* de *Montserrat*, célèbre par son tresor, & par l'affluence des Pelerins qui y viennent avec la même dévotion qu'à la Chapelle de *Lorette*. Les *Maures* s'emparerent de cette contrée, du tems de *Charlemagne*, & en furent chassés sous le règne de *Louis le débonnaire*. A ces Infideles succéderent des Princes *Chrétiens*, qui possederent cette province jusques à ce qu'elle fût unie à l'*Arragon*, & ensuite à la Couronne d'*Espagne*, dont les *Catalans* ont tenté plusieurs fois de se séparer, & entre autres l'an 1640. lors que *Joseph Marguarit*, accrédité dans le pays, engagea tous ses

ses Partisans, & fit de grands efforts en faveur de la *France*. De son côté cette Couronne ne négligea point d'y envoyer des Generaux, & une armée qui se soutint pendant vingt-ans dans cette Principauté, devenue par cette révolte le théatre de la guerre. Le Traité de 1659. pacifia toutes choses, & Leurs Majestés Très *Chrétienne* & *Catholique* consentirent enfin que les monts *Pyrennées* fussent les bornes des deux Royaumes : de sorte que la *Catalogne*, & le Comté de *Cerdagne*, qui sont au delà des monts, furent abandonnés aux *Espagnols*, & les Comtés de *Roussillon* & de *Conflant* qui sont en deça, resterent à la *France*.

Quoi que cette province soit couverte de montagnes, elle n'en est pas moins fertile, & c'est un des meilleurs domaines de la Monarchie *Espagnole*.

Bar-

Barcelone pouroit bien être cette petite République, dont *Pline* fait mention, sous le nom de *Faventia*. Elle est grande & si ancienne que des Auteurs ne se contentent point de lui donner pour fondateur *Amilcar*, Capitaine *Carthaginois*. Ce qu'il y a de plus certain, est que cette ville où il y a un Evêque Suffragant de *Tarragone*, Cour souveraine, Université & Inquisition, fut soumise aux *Romains*, & dans le cinquieme siècle aux *Visigots*, dont *Ataulfe*, leur premier Roi, fut poignardé dans son Palais avec six de ses enfans. Les *François* en chasserent les *Sarrasins* qui l'avoient conquise sur les *Visigoths*, & *Charlemagne* y établit des Gouverneurs qui prirent la qualité de Comtes, laquelle *Geofroy le Velu* retint avec la Souveraineté, qui fut dans la suite unie à la Couronne d'*Arragon*, par le mariage

riage de *Petronille* heritiere de ce Royaume, avec *Raimont V*. dernier Comte de *Barcelone*.

Cette ville est située dans une plaine le long de la mer. Son Eglise Cathédrale, dans laquelle sont les tombeaux de ses premiers Souverains, est asfez belle, mais trop obscure. Le Palais du Vice-Roi, de l'Evêque, & de la cruelle Inquisition, sont magnifiquement bâtis, mais dans le goût *Espagnol*, dont l'architecture ne plaît qu'à ceux de ce pays. La place de *St. Michel*, à laquelle aboutissent plusieurs rues très mal pavées, mais asfez propres, ce qui est bien rare en *Espagne*, est la plus belle, & la plus fréquentée de toutes les autres, sur lesquelles il n'y a que les soldats, ou les habitans du dernier ordre qui se promenent.

Le Port qui n'est point des meilleurs, d'un côté est à l'abri des

des vents par le voisinage du mont *Jouic* qui s'avance dans la mer eu forme de promontoire, & de l'autre par un mole de trois cents pas de longueur, revêtu d'un quai dont l'entrée est deffendue par un Fort, rebâti depuis peu, mais dont la maçonnerie n'est pas bonne, & la fortification fort irréguliere. Le mont *Jouic* est une forteresse située sur une montagne fort haute, qui éloigne l'ennemi de la ville, mais qui ne sauroit battre la Place que l'on peut réduire indépendament de ce château, de sorte qu'il ne décide point du succès du siège. Si on le veut prendre sans coup ferir, on doit le tenir bloqué, en lui coupant la communication de la ville, dont il ne sauroit éviter de suivre la destinée.

La citadelle élevée dépuis peu de tems, aux dépens de la ville neuve, que l'on a détruite pour bâtir, paroît fort belle, sans être forte. On peut l'attaquer avec l'avantage du terrain de l'esplanade, & foudroyer ses bastions, dont on découvre bien au dessous du cordon, l'Ingenieur qui en a tracé les defenses, s'étant plus attaché à la beauté du dedans, qu'à bien fortifier les dehors.

Ce fut dans *Barcelone* que les *Goths* rédigerent leurs loix; que s'assemblerent plusieurs Conciles, en 540. & 603. & que se refugia le Pape *Benoît XIII.* après avoir été déposé par le Concile de *Pise*, qu'il ne voulut point reconnoître pour son Juge. Ce Pontife étoit *Arragonois* & homme de resolution; mais se trouvant abandonné de la fortune, & conséquemment de ses amis, il prit le parti de la retraite, & alla finir ses jours dans un petit bourg du Royaume de *Valence*, accompagné seulement de deux de ses Cardinaux.

Les

Les Marchands de *Languedoc* soutiennent le commerce de *Barcelone*, où ils envoyent des draps, & des étoffes de leurs manufactures : souvent même dans des tems de disette, ou de guerre, ils y font passer des grains malgré les deffenses de la Cour de *France*.

Les *Barcelonois* nous ont retracé la valeur des anciens *Romains*, dans le dernier siége qu'ils ont soutenu en 1714. contre une armée de *François* & les forces de l'*Espagne*, dont ils repousserent pendant quatorze mois les efforts avec un courage intrépide. Les *Espagnols* avoient pourtant des intelligences dans cette Capitale, où la division s'étoit secrettement introduite chez plusieurs des principaux bourgeois, dont plusieurs donnoient avis de tout ce qui s'y passoit, & recevoient l'ordre du Maréchal de *Berwick*.

Une certaine Puissance s'étoit of-

offerte de faire entrer dans cette ville un secours de vivres, & de munitions, que les habitans refuserent à la persuasion de ceux que la peur ou l'interêt avoient entierement gagnés. Ils firent entendre aux autres, que ce petit secours en détourneroit indubitablement un plus considerable, qui devoit se presenter au plutôt. Ce fut la cause que cette Cité infortunée ne fut point secourue; & par la même influence, les brêches furent surprises, ces mêmes personnes aïant representé dans le Conseil, que l'heure de l'assaut general paroissant encore éloignée, il convenoit pour le bien de la patrie de donner du repos à leurs troupes, qui ne furent pas rentrées dans leurs quartiers, que l'infanterie *Françoise* s'établit sur leurs murailles; & maîtresse sans oposition des meilleurs retranchemens des assiégés,

gés, & les réduisirent à capituler, pour éviter d'être passés au fil de l'épée.

Tarragone n'est ni forte, ni négociante. L'Archevêque, dont l'Evêque de *Barcelone* est Suffragant, n'est pas riche, quoique son Eglise le soit beaucoup. La musique y est meilleure que dans les autres villes du Royaume, & la Noblesse y est aussi humiliée depuis leur derniere révolte, que les habitans de la campagne.

Tortose n'est pas d'une plus grande ressource : ses fortifications ne sont pas entretenues, & l'argent y est devenu d'une rareté extraordinaire.

Gironne est assez bien fortifiée, & quoique ses remparts soient entierement découverts, le Maréchal de *Bellefonds* fut contraint en 1680. d'en lever le siége avec autant de perte que de desordre. Cette ville est petite, mal habitée, & peu marchande.

Roses, dont il est dificile de faire une fort bonne Place, est en état de defense, mais ne peut soutenir un long siége, sur tout quand elle sera battue par une armée navale. Son Port que les barques de *Languedoc* fréquentent ordinairement, pour y distribuer les grains qu'elles y portent, n'est bon que pour des galeres, & de petits navires. L'air de cette ville est très mauvais, & dans les grandes chaleurs ses habitans l'abandonnent, pour se mettre à couvert de l'intemperie dont ils s'éloignent avec beaucoup de soin.

Urgel est assez peuplée. Les murailles de cette petite ville que les *François* ont si souvent prise & rendue, ne sont pas meilleures que sa grosse Tour, qu'un de ses Evêques

Evêques fit bâtir anciennement. On n'y parle pas plus de négoce que s'il n'y avoit point de Marchands dans le Monde.

Mataro, dans laquelle les Gardes du corps, ou les Régimens de Cavalerie les plus favorisés, se mettent en quartiers d'hiver, est sans fortifications; mais on y trouve de la Noblesse & de la société, & beaucoup de disposition dans les esprits à sortir de dessous la domination *Espagnole*.

Notre-Dame de *Montserrat* est un pelerinage où aborde de tous côtés un nombre infini de Pelerins. L'Eglise de ce Monastere où l'hospitalité ne s'exerce que médiocrement, est magnifique, & son tresor inestimable. Cette Abbaye est environnée de montagnes, dont la plus voisine est habitée par un certain nombre d'Hermites qui n'ont point de liaison ensemble,

ble, & dont la plupart sont Etrangers.

Les *Catalans* sont fort jaloux de leur liberté, très fiers dans leurs montagnes, hardis, & cruels dans leurs expéditions ; impenétrables dans leurs projets, quoique naturellement fort volages, & d'une sincerité dont personne ne s'avisera de répondre. D'ailleurs ces peuples sont infatigables, patiens & industrieux, & d'une grande ressource à leurs Alliés.

Le Marquis de *Risbourg*, Chef d'une branche de la Maison de *Milun*, est Vice-Roi de cette Principauté, & n'a rien à desirer en *Espagne* que de la santé. C'est un Seigneur qui a beaucoup d'esprit, des talens pour la guerre, & qui pouroit être un grand Ministre, s'il vouloit s'en donner la peine. Il sait qu'il est homme de la premiere qualité, & n'y pense pourtant point. Il n'a jamais
fait

fait sa Cour, & s'embarasse peu qu'on la lui fasse. Il parle de la Religion & des Princes sans se contraindre, & ne donne sur lui aucune prise. Il remplit ses cofres sans y songer, & ne dépense point pour s'en éviter uniquement l'embaras, car il est né liberal. Il est équitable dans la distribution des emplois, & incorruptible dans l'examen des affaires, n'aimant ni ne haïssant naturellement aucune nation, quoi que peut-être moins porté pour les *François* que pour d'autres, sans que personne se puisse apercevoir de cette preference.

CHAPITRE XIV.

*Des Royaumes d'*Arragon*, de Majorque, & de Minorque : leur fondation, & l'origine de ces peuples, avec la description de leurs principales villes, leurs mœurs, leurs coutumes, & leur situation presente.*

LE Royaume d'*Arragon* situé entre les monts *Pyrennées* du côté de la *France*, la *Navarre*, la *Castille*, & la *Catalogne*, pouroit bien être le pays de ceux qui fonderent la ville de *Jaca*, lesquels descendoient du côté du Nord. *Sarragosse* bâtie sur l'*Ebre*, est la Capitale de ce petit Royaume, me, qui est pauvre, sterile, & peu habité. Le dernier Comte de *Barcelone* unit cette Couronne à sa Principauté de *Catalogne*, par son mariage avec l'Heritiere de l'*Arragon*; mais dans la suite les *Catalans* se séparerent des *Arragonois* pour se mettre en République, & un Prince de la Maison d'*Anjou*, ne pouvant se soutenir par ses propres forces sur ce trône, demanda du secours à *Louis XI*. Roi de *France*, qu'il institua son heritier, & c'est le fondement de la prétention que conservent les Rois *Très-Chrétiens* sur cette Couronne.

Sarragosse est une ville pauvre & deserte, dans laquelle on a ruiné le commerce, qui y fleurissoit autrefois. Sa situation ne permet point que l'on fasse la dépense de la fortifier régulierement, & le Clergé des deux Ordres: c'est-à-dire le Séculier, & le Régulier,

gulier, en est le maître, lors qu'il n'y a point de Garnison superieure à la populace, dont le nombre diminue insensiblement.

Lerida est la plus forte Place de ce Royaume, devant laquelle le feu Duc d'*Orléans* eût échoué, sans la jalousie qui divisa les Generaux des Alliés. Le grand Prince de *Condé* fut obligé d'en lever le siége. L'armée qui l'entreprendra à l'avenir, y trouvera encore plus de difficultés, les *Espagnols* en aïant perfectionné & augmenté les ouvrages. Au surplus c'est une ville de guerre, & nullement de négoce.

Le château de *Denia*, au pied duquel il est très aisé de faire un débarquement, n'est ni fort, ni même en état de deffense. Il est placé sur la hauteur qui couvre la ville, laquelle est ruinée & fort dépeuplée, ainsi que le sont tous les bourgs & villages de cette

con-

contrée. Si cette côte d'*Arragon* étoit plus habitée, & moins pauvre, les Corsaires *Turcs* y pouroient continuellement débarquer, principalement entre *Denia* & *Altea*. Cette derniere est un miserable endroit, qui n'est bon que pour l'Escadre de *Malte*. Les Vaisseaux de cet Ordre croisent assez souvent sur ces côtes, dont toute la campagne est aride, ou paroît presque toujours brûlée.

 L'Isle de *Majorque*, que les *Latins* apelloient *Majorica*, & qui peut avoir 60. lieues de circuit, est la même que les *Baleares* des Anciens. Cette Isle forme à present un petit Royaume, qui depuis plusieurs siècles tient à l'*Espagne* par les mêmes liens que l'*Arragon*.

 La ville de *Majorque* n'est point belle, ni fort en état de resister à une armée qui s'y presenteroit

pour

pour la réduire. En revanche la campagne est toute riante, & la terre très cultivée, mais couverte du côté de la mer d'une chaîne de montagnes : ce qui donne une triste idée de la situation de cette Isle qui n'offre ses agrémens qu'à ceux qui la visitent. On voit dans son Egiise Cathédrale les ossemens de deux de ses anciens *Rois Maures*, qui étoient des Géants, dont les cendres aportent moins de profit aux habitans de cette ville que le commerce des Reaux de Plata, que l'on y fabrique ordinairement.

Les *Majorquines* sont fort aimables, & prévenantes sans être effrontées. Elles sont habillées en petits corps de jupes, qui conservent la finesse de leur taille, & coëffées en cheveux noués ou tressés par derriere négligemment, mais avec grace. Le feu qui sort de leurs yeux, & la douceur qui
modere

modere en même tems cette vivacité, les rendent fort piquantes, & en general on ne trouve point de plus jolies femmes.

Les habitans de cette Isle ont été de tout tems de grands pirates. Les *Romains* & les *Pisans* la soumirent successivement, & ensuite les *Sarrazins*, sur lesquels les *Castillans*, & les *Arragonois*, l'enleverent. *Raimond Lulle*, qui passe pour avoir trouvé le secret du grand œuvre, ou la pierre philosophale, est né en cette Isle, de même que deux illustres Grands Maîtres de *Malthe*, de la Maison de *Cotonorre*, fort ancienne dans ce pays, où l'on trouve plus de Noblesse que dans la *Catalogne*.

Il est aisé de débarquer un corps de Troupes dans les deux extremités de cette Isle, qui suivit en dernier lieu le sort de la Capitale de *Catalogne*. La Noblesse *Majorquine* se dit fort attachée à *Philipe V.* & le peuple à la Maison d'*Autriche*.

L'Isle de *Minorque* est la plus pauvre & la plus sterile de toute cette contrée. Son bourg éloigné d'une lieue du *Fort Philipe* qui le defend, est un miserable lieu, où l'on ne trouve aucune ressource. Le Port & le bassin sont d'une grandeur, & d'une beauté extraordinaire, & l'armée navale la plus nombreuse y peut hiverner avec toute la sureté possible.

Ces peuples ont la même Religion, les mêmes interêts, & autant de mauvaise foi que leurs proches voisins. Un Commandant ne peut être trop sur ses gardes contre de pareils habitans.

CHAPITRE XV.

Des Royaumes de Valence, *de* Murcie *& de* Grenade; *de leurs principales villes & forteresses, de leurs mœurs, de leur situation, & de leur commerce.*

LE Royaume de *Valence*, qui est entre la *Catalogne*, la *Castille Neuve*, l'*Arragon*, & la *Murcie*, fut établi par les *Maures*, après avoir été la demeure des anciens *Contestanins*. C'est une des bonnes Provinces de l'*Espagne*, située le long de la mer *Méditerrannée*, sur laquelle elle a des Ports & des villes commerçantes. Cette contrée est arrosée de plusieurs rivieres, qui la rendent abondante en fruits, & en grains, & on y fait quantité de soyes, & beaucoup de sel.

Valence qui en est la ville Capitale, & que les *Latins* nommoient *Valentia Contestanorum*, est à une lieue de la mer, sur la riviere de *Guadalaviar*, sur laquelle elle a cinq ponts. L'Archevêché est considerable, l'Université très celèbre, & sa campagne delicieuse. La forme de cette vaste Capitale est presque ronde, & fermée de murailles, qui n'ont point de fossés, ni de chemin couvert pour en deffendre les aproches. Le grand aquéduc, la maison de ville, le Palais de la *Ciutad*, celui du Vice-Roi, & le Monastere de *St. Jerome*, sont les premiers édifices de cette ville. C'est où naquit le fameux *Rodrigue*, autrement dit le *Cid*,
auquel

auquel le Poëte *Corneille* fait jouer un si beau rôle sur le théatre.

Alicante, qui n'est autre que l'*Alona* de *Pomponius* & de *Ptolomée*, est une petite ville, dans laquelle on commerce fort en vins, en fruits, & en huiles. On y trouve un mole qui sert d'abri aux petits bâtimens, & qui est bien commode pour décharger les marchandises des Vaisseaux. On travaille actuellement à nettoyer le Port, que les Ingenieurs perfectionnent & fortifient avec beaucoup d'aplication. Ce Port est en partie couvert d'une haute montagne sur laquelle est bâti le château, qui paroîtroit imprenable dans un autre siècle. Les breches que firent la mine, & qui précipiterent sa prise dans le dernier siége, sont entierement réparées, & on a garanti sa grande citerne, un magasin à poudre, & quel-

quelques-uns de ses souterrains, de la fureur des bombes.

Elche qui est l'*Illici* des *Latins*, est moins peuplée que cette derniere. Elle est située de même qu'*Alicante* & *Carthagene* dans le Royaume de *Valence*. Le commerce ne s'y soutient que par le débit de ses sels, dont on transporte quantité dans les Ports d'*Italie*.

Carthagene, anciennement *Carthago Nova*, fut bâtie par les *Carthaginois*, & leur fut enlevée par *Publius Scipion*, l'an 544. de *Rome*. Elle a une forteresse peu capable de resister long-tems, & un assez bon Port dans lequel hivernent ordinairement les galeres d'*Espagne*, & où l'on fait commerce de poisson, de morues seches, & d'une sorte de jonc que l'on nomme *Esparto*, & dont ceux du pays font des paniers & d'autres ouvrages.

Le Royaume de *Murcie*, qui n'a que 25 lieues de long & un peu moins de large, a la *Valence* au Levant, la *Grenade* au Couchant, la *Castille Neuve* au Septentrion, & la mer au Midi. Il fut fondé par les *Maures* qui se deffendirent vaillamment dans ses montagnes, lesquelles maigré leur hauteur, & leur nombre, ne peuvent empêcher que ce pays ne soit si abondant en fruits, qu'il est regardé comme le jardin de l'*Espagne*. La grande & ennuyeuse ville de *Murcie*, bâtie sur la riviere de *Segura*, est la demeure de l'Evêque qui est puissant par son revenu, lequel celui qui en fut pourvu par le Roi *Philippe. V.* dont il prit le parti, employa à armer pour le service de ce Prince tous les devots de son Diocèse.

Le Royaume de *Grenade* est plus étendu, & de plus grande res-

reſſource pour le commerce, que celui de *Murcie*.

Grenade ou *Granata*, Capitale de ce Royaume, eſt la même que celle dont *Ceſar* parle beaucoup dans ſes *Commentaires*. Elle n'a conſervé que bien peu de choſe des plus beaux édifices de ſes Rois *Maures*, dont pluſieurs ſe piquoient d'être les hommes les plus galands, & les plus magnifiques de leur tems. Cette ville eſt la plus grande de l'*Eſpagne*, & la plus agréable en été, à cauſe de la pureté de l'air, & du grand nombre de ſes fontaines. Ses vieilles murailles deffendues de mille Tours, ont preſque cinq lieues de circuit. Elle eſt fameuſe par ſon Univerſité, & fort marchande par le commerce des ſoyes. Elle eſt ſituée en partie ſur de belles collines, & dans une belle plaine, où la riviere de *Garo* l'arroſe, avant que de recevoir le

Xenil & plusieurs autres ruisseaux.

On trouve dans cette Capitale un grand nombre de differens Monasteres d'hommes, & de filles, de belles Eglises, & une riche Métropole, où l'on voit les tombeaux du Roi *Ferdinand*, & de la Reine *Isabelle*. D'ailleurs cette ville est presque deserte, & paroît aussi triste que les autres de cette Province, qui a la *Murcie* au Levant, la *Nouvelle Castille* au Septentrion, l'*Andalousie* à l'Occident, & la *Méditerrannée* au Midi. Ses meilleures villes sont *Munda*, *Malaga*, *Ronda*, *Antequera*, & *Almeria*.

Almeria est une petite ville que plusieurs prennent pour l'ancien *Magnus Portus*. Son Evêque n'est point riche, & son Palais Episcopal est, à proportion, tout aussi mal bâti que les maisons de cette Cité, qui devint si puissante

sante du tems des *Sarrazins* qu'elle eut un Roi de leur nation. *Alphonse VIII.* Roi de *Castille*, la leur arracha, & mourut en allant attaquer ces Infideles, qui l'avoient à leur tour assiégée.

On parleroit peu de *Munda*, ville pauvre & dépeuplée, sans la relation que nous a donné *Jules César* d'une bataille qu'il y gagna sur les enfans de *Pompée*. Les petits Négotians ne visitent *Ronda*, *Almeria*, & *Antequera*, que pour y acheter des laines, de la cire, du miel, des fruits secs, & de ces vins qui ne sont d'usage que pour les eaux-de-vie.

Toute la côte depuis *Almeria* jusqu'à *Malaga*, est si nette que les pilotes la nomment la *Côte Benigne*. Elle n'est pour ainsi dire deffendue que par la Tour de la *Roque* qui tombe entierement en ruine, de sorte que les Puissances qui seront en guerre avec l'*Espagne*,

peu-

peuvent faire un débarquement, & jetter sur toute la côte de *Grenade*, un Corps d'Infanterie, lequel subsistera commodément dans ses montagnes, qui ne sont ni desertes, ni steriles, & dont les plaines abondantes, & bien cultivées, conduisent dans le cœur du Royaume. Et en effet il n'est point mal aisé d'y pénétrer, quand on est soutenu d'une flotte, qui même ne trouvera pas beaucoup de resistance dans les Vaisseaux *Espagnols*, d'autant plus que la Marine de ce Royaume est en aussi mauvais état que les magasins qu'un ignorant & avide Intendant vient d'établir sur les frontieres d'*Andalousie*, de *Catalogne*, & de *Navarre*.

Malgue, ou *Malaga*, de laquelle *Pline* & *Strabon* font mention fort souvent, fut bâtie par les *Pheniciens*, avant que la grandeur de l'Empire *Romain* fût connue,

nue. Ses habitans accablés actuellement sous le poids des nouveaux impots, n'ont pas laissé dépé[rir] entierement le vaste Palais [de] ses anciens Rois *Maures*, & [ils] voyent que malgré eux les nouvelles fortifications que l'on [a]joûte aux anciennes. Mais [les] unes & les autres ne valent [rien] & les meilleurs Ingenieurs ne [sau]roient faire de cette ville une Pl[a]ce capable d'arréter fort longtems une armée. On se promene avec plaisir dans les campagnes de cette ville, dont [la] petite riviere de *Guadalquivir* baigne les mauvaises murailles. Elle est fort négociante : on y [vit] à très bon marché, & commodément. On y boit des vins exquis quand on sait les choisir, & l'Inquisition y paroît plus tranquile que par-tout ailleurs. L'Evêché dont le Cardinal *Alberoni* vient de se demettre, raporte soixante

...xante mille écus de rente. Le Palais Episcopal est fort grand, & la Cathédrale nouvellement bâtie est une des plus claires, & des plus belles du Royaume.

Le commerce tombe insensiblement à *Malaga*, où les Négocians trouvent en abondance des huiles, des vins, des fruits secs, des morues, des laines, de la cire & du safran.

On ne voit à *Velez-Malaga* qui est à deux lieues de l'autre, que quantité de citroniers, & beaucoup de misere; mais les montagnes de son voisinage sont habitées, & parfaitement bien cultivées. Elles sont couvertes de perdrix, de lapins, & de troupeaux, ausquels le thin & les meilleures herbes donnent un merveilleux goût.

CHAPITRE XVI.

*De l'*Andalousie, & *de l'Espagne en general, des villes de* Seville, *de* Cordoue *& de* Cadix; *des mœurs & du caractere des* Espagnols, *de leur origine, de leurs revolutions, de leur situation presente, des mines, & des forces de ce Royaume, des rivieres qui l'arrosent, de la fondation de l'Inquisition, de la justice de ce Tribunal, & des interêts de sa Majesté* Catholique.

L'*Andalousie* est la plus belle & la plus riche Province de la
Monar-

Monarchie *Espagnole*. Le nom d'*Andalousie* est tiré de celui des *Vandales*, qui s'établirent vers le V. siècle dans cette fertile Contrée, où les *Maures* fonderent deux Royaumes, que le Roi *Ferdinand* joignit depuis à la *Castille*, aïant pris celui de *Cordoue* en 1236 & de *Seville*, en 1248.

Ce grand, & vaste pays, où l'air est aussi bon que tout ce qu'on y trouve en abondance pour la vie de l'homme, comprend la plus grande partie de l'ancienne *Bœtique*. Il a le Royaume de *Grenade* au Levant, l'*Estramadoure* & la *Castille Neuve* au Septentrion, l'*Océan* & la *Méditerranée* au Midi, & le *Portugal* au Couchant, où la riviere d'*Ana* le sépare de l'*Algarve*. Celle de *Guadalquivir*, qui n'est autre que le *Bœtis* des anciens, divise cette Province, qui est la plus fertile de cet Etat : aussi l'a-t'on nommée

mée le grenier & la cave de l'*Espagne*.

La Presqu'isle de *Cadix*, qui est plus longue que large, est située dans un assez grand golfe qui porte son nom. Un petit bras de mer que l'on passe sur un pont qui n'a rien de remarquable que sa longueur, la sépare de la terre ferme ; & presque au bout de l'isle, on trouve du côté du Septentrion, une langue de terre, où est bâtie la ville que *Cesar* nomme dans ses *Commentaires Gades*, ou *Gadira*. Elle a vers la mer des rochers fort escarpés qui lui servent de remparts, & vers la terre ferme, on trouve un fossé très profond qu'il n'est pas aisé de saigner. Les aproches de cette côte, & principalement l'entrée du Port, sont deffendues par plusieurs Forts qui sans être aussi redoutables que ceux de *St. Philipo*, & de *Sebastiano*, sont depuis

puis peu de tems bien en état de deffense. Le plus difficile à prendre de tous ces ouvrages est celui de la pointe du rocher, qui s'élève bien avant dans la mer. Les *Espagnols* donnent toute leur attention à cette Place, dont le Port leur est d'une très grande conséquence. C'est l'asile de leurs Galions & de leur flote, au retour du voyage des *Indes*, outre que cette ville est une des premieres clefs du Royaume, & une des trois dont l'Empereur *Charles V.* recommanda tant la garde au Roi son fils. Les deux autres étoient la *Goulette* en *Afrique*, & *Flessingue* dans les *Païs-Bas*.

 Le négoce se rallentit extrêmement à *Cadix*, où les Marchands *Anglois* ont plus de crédit que ceux de *France*, parce que les marchandises de ces derniers, comme les draps & les toiles, ne sont point aussi bien
con-

conditionnées qu'elles devroient l'être, outre que l'aunage, ou la mesure diminue considerablement, & décrédite tout à fait les *François*. On trouve, en échange des marchandises que l'on porte aux Négocians de *Cadix*, des piastres sur lesquels on fait un grand profit dans les Ports du Levant, des huiles, des laines, des fruits, du safran, des vins, du tabac, & des épiceries.

Tariffe est une Cité infortunée dont les murailles, & les bâtimens qui lui restent des *Maures*, déperissent tous les jours. Ce fut dans le Port de cette petite ville d'*Andalousie*, que débarquerent ces *Africains*, lorsqu'ils subjuguerent l'*Espagne*, à la sollicitation d'un grand Seigneur du pays, duquel les Anecdotes *Espagnoles* parlent differemment. Car les uns ont écrit que le Comte *Julien* n'avoit ouvert les portes de sa
patri

patrie aux *Maures* que pour venger l'honneur de sa fille unique, qui venoit d'être violée par le Roi Dom *Roderic*: & d'autres marquent que le desespoir du Comte provenoit de l'enlevement de la plus belle de ses maîtresses, dont ce Prince étoit devenu passionément amoureux.

Seville ou *Hispalis*, sur le *Guadalquivir*, Capitale de l'*Andalousie*, est la plus riche & la plus régulierement bâtie de celles de ce Royaume, & bien des gens en preferent le séjour à celui de *Madrid*. Sa forme est presque ronde, & on trouve dans son enceinte de grands Palais, de grandes places, qui ont toutes des fontaines, quantité de riches Monasteres, de belles promenades, mais de fort mauvais cabarets. L'Eglise métropolitaine a cent soixante pas de longueur, & cent de large, avec des Chapelles tout à l'entour, un magnifique Chœur, & une opulente sacristie. On voit assez de curiosités au fauxbourg de *Triana*, dont les *Espagnols* paroissent amoureux. Aussi disent-ils ordinairement, que qui n'a point vu *Seville*, n'a pas vu les merveilles de ce Monde. Cette Capitale, où se négocient les mêmes marchandises que l'on porte, ou qu'on tire des magasins de *Cadix*, n'est point une Place de guerre, & ses vieilles murailles ne sont defendues d'aucun ouvrage.

Cordoue est la seconde ville de l'*Andalousie*, & fut très celèbre du tems des *Romains*, & des *Maures*. Ces derniers y bâtirent une superbe mosquée, où est aujourd'hui la Cathédrale qui est fort belle, mais qui cède à la magnificence de celle des *Jesuites*. Cette ville fut pendant près de trois siècles le séjour des Rois *Maures*, qui firent un grand nombre

bre de martirs. Les *Chrétiens* ne recouvrerent leur liberté qu'après la deffaite du grand *Almanzor*. *Cordoue* se fait honneur de la naissance des deux *Seneques*, le Poëte, & le Philosophe, du Poëte *Lucain*, du grand Capitaine *Gonzales*, & de l'Historien *Ambroise Morales*, qui a régalé le Public de quantité de Romans, qu'il s'est donné la peine d'écrire à l'avantage de sa patrie. Mais cela ne diminue ni la beauté de sa situation, ni la fertilité de son terroir, que plusieurs comparent à une terre d'or.

Le *Guadalquivir*, ou le *Bætis*, qui trouve sa source dans les montagnes de *Castille*, vers les frontieres de *Murcie*, arrose cette Province, avant que de s'aller perdre dans l'*Océan* du côté de *San Lucar*. Pour les autres villes du pays, comme *Ossone*, & *Medina Sidonia*, on ne s'avise point de
les

les aller visiter, parce que rien n'y attire les Curieux, & qu'elles sont dépourvues de tout pour les Marchands. A cela près, on vit à fort bon marché, à l'exception des grandes villes, dans les campagnes, & dans les bourgs du pays; & quand on se précautionne d'un Cuisinier qui sait acheter, on y vit aussi commodément qu'ailleurs, pourvu que l'on ne donne pas trop ouvertement dans la galanterie, & que sur toutes choses on évite de tomber dans les filets de la terrible Inquisition, dont l'avarice, & les injustes principes ne trouvent point de bornes.

L'*Espagne* étoit autrefois divisée en quatorze Royaumes, savoir trois au Septentrion, qui sont la *Navarre*, la *Biscaye*, & les *Asturies*; trois vers l'Occident, la *Galice*, le *Portugal*, & les *Algarves*; trois au Midi, l'*Andalousie* daloufie, *Grenade*, & *Murcie*; trois vers l'Orient, l'*Arragon*, la *Catalogne*, & *Valence*, & deux dans le centre du pays, qui font *Léon*, la *Vieille Caſtille* & la *Nouvelle*, dont *Madrid* eſt la Capitale, malgré *Seville* & *Tolede* qui lui diſputent cet honneur.

Il y a en *Eſpagne* huit Archevêchés, & quarante-cinq Evêchés. Les Métropoles ſont *Tolede*, *Burgos*, *Compoſtelle*, *Seville*, *Grenade*, *Valence*, *Sarragoſſe*, & *Tarragone*. Ses meilleurs Ports ſont la *Corunna* en *Galice* ſur l'Océan, de même que *Vigo*, *St. Sebaſtien*, *St. Andero*, le *Paſſage*, le *Port Ste. Marie* près de *Cadix*, celui de *Palos* où s'embarqua *Chriſtophe Colomb* pour le voyage des *Indes*, & *Carthagene* ſur la *Méditerranée*.

Ses principales rivieres ſont l'*Ebre*, en Latin *Iberus*, qui donne le nom d'*Iberie* à ce Royaume; le *Guadalquivir*, qui veut dire le grand fleuve, & en Latin *Bætis*; la *Guadiana* qui se perd en terre l'espace d'une lieue; le *Tage* & le *Duero*, qui roulent de l'or. Comme l'*Ebre* communique son nom à l'*Espagne*, que le *Duero* est le plus rapide, le *Tage* le plus riche, le *Guadalquivir* le plus beau, & que la *Guadiana* se perd en terre dans un endroit, ils disent gravement *que l'Ebre l'emporte pour le nom*, le Douero *pour la rapidité*, le Tage *pour la richesse*, le Guadalquivir *pour la beauté, & que la* Guadiana *ne pouvant faire de comparaison avec les autres, se cache de honte sous la terre.*

L'air d'*Espagne* est fort bon; & le pays seroit aussi fertile qu'un autre, s'il étoit un peu mieux cultivé. Il ne l'est pas autant qu'il le devroit être, à cause de ses montagnes dont la plupart sont de-

desertes ; & outre que les *Espagnoles* ne sont pas fécondes, ce Royaume s'est dépeuplé depuis le bannissement des *Maures*, dont plus de douze cents mille furent contraints de sortir du pays, sous le règne du Roi *Philippe III.* l'an 1610. Depuis cette époque l'*Espagne* s'est affoiblie considerablement. Les *Espagnols* ne sont point sociables, ni fort industrieux, & négligent les arts; & les Corps de métiers ne s'y entretiennent que par le secours des Etrangers, qui n'y trouvent plus d'agrémens, n'y d'esperance de s'enrichir. Il n'est point de peuple aussi foulé que le sont actuellement les *Espagnols*, dont la misere & le mécontentement sont inexprimables. L'entêtement ordinaire de cette nation pour la science inutile de l'école, les empêche d'acquerir les plus belles connoissances, dans lesquelles ils ne pouroient manquer de faire de grands progrès, rien n'étant au deſſus de leur genie; mais il faudroit pour cela que leur fierté, & leur opiniâtreté naturelle s'accordaſſent avec la vivacité de leur entendement.

Ce Royaume a des vins, des huiles, des fruits, & quantité de laines qui ſe conſommeront à l'avenir dans leurs nouvelles manufactures. Indépendament de ſes mines d'or & d'argent qui ont été épargnées depuis la découverte de l'*Amerique*, il y en a de cuivre, de mercure, de plomb, de fer, & de ſel, dont on pouroit faire plus d'uſage. Les richeſſes qui repoſent dans le ſein des montagnes des *Aſturies*, & de *Galice*, ſont incroyables, & celles que ces peuples pouroient ſe menager dans les *Indes*, ſeroient immenſes, ſi ces treſors paſſoient par d'autres mains. Car quoique ce peuple aime

aime l'or & l'argent, il ne s'entend pas mieux à le faire valoir qu'à l'arracher industrieusement des entrailles de la terre.

Les *Espagnols* sont naturellement graves, misterieux, politiques, fins, secrets, vifs, mais fort lents à se resoudre, fideles dans leur amitié, implacables dans leur haine, & d'une grande constance à poursuivre ce qu'ils ont resolu.

Les *Celtes*, qui plusieurs siècles après le deluge, habiterent l'*Espagne*, furent les premiers qui peuplerent ce Royaume. Les *Pheniciens*, charmés de la navigation, s'établirent dans l'Isle de *Gades* ou *Cadix*, & ensuite les *Carthaginois* occuperent la partie Meridionale, & la plus voisine l'*Afrique*, s'efforçant de se rendre les maîtres de tout le pays, dont les *Romains* les chasserent entierement après la prise de *Carthage*,

thage, en *Afrique*, & celle de *Numance* en *Espagne*, la premiere par le grand *Scipion* surnommé l'*Africain*, & l'autre par le jeune. Sur le déclin de l'Empire *Romain*, les *Goths*, les *Vandales*, les *Sueves*, & les *Alains* se répandirent dans toute l'*Espagne* qu'ils partagerent entre eux. Ce fut l'origine & le commencement de ses quatorze Royaumes. L'*Espagne* est à present réunie sous la domination d'un seul maître, qui entretient près de cent mille hommes, tant de Cavalerie que d'Infanterie, trente quatre Vaisseaux de guerre, & douze frégates ; un Corps d'Ingenieurs assez nombreux, presque tout composé de *François*, plusieurs Officiers d'Artillerie dégoûtés du service de *France*, & qui le seront davantage de celui-là, lorsque les *Espagnols* sauront se passer d'eux ; & enfin quantité d'artisans &

d'oud'ouvriers qui porteront un coup mortel aux manufactures du *Haut* & *Bas Languedoc*. Cependant ces peuples ne se remettent point, & gemissent sous le poids de leur charge, s'apercevant tous les jours que les droits que l'on vient de mettre sur les marchandises pour l'entrée, ou pour la sortie du Royaume, éloigneront indubitablement de leurs Ports les Vaisseaux des Etrangers, qui porteront leur argent dans des climats, où l'on trouve bien d'autres ressources, & plus de liberté.

L'Inquisition, redevable de sa naissance à la Reine *Isabelle*, est le plus effroyable & le plus injuste de tous les tribunaux. Cette Cour détestable ne peut se soutenir aux dépens de l'ancien peuple de Dieu, que chez une nation aussi ignorante, & aussi superstitieuse.

Les deux Ordres du Clergé crou-

croupissent dans l'ignorance des belles lettres, & ne profitent point des exemples de leurs Evêques, qui sont irreprochables dans leurs mœurs, ou du moins qui le paroissent. C'est dans les parloirs de leurs fausses vestales que s'entretient la galanterie la plus libre & la plus grossiere. On donne plus volontiers en *Espagne* dans le commerce des Religieuses, que dans celui des Dames du pays, parce que l'on va chez les premieres avec bien plus de liberté & beaucoup moins de risque. Les Dames *Espagnoles* se piquent à la verité de beaux sentimens, & ont de l'esprit & de l'enjoument, mais tout le monde convient qu'elles sont dangereuses, vindicatives, d'une grande dépense, & d'une santé fort douteuse. Quant aux filles nubiles, il ne s'en trouve point de si artificieuses, & de plus adroites pour

pour se faire épouser de bon gré, ou autrement, de ceux qui veulent faire auprès d'elles les gens à bonne fortune.

Les Troupes *Espagnoles* sont à présent des mieux entretenues, & assez regulierement payées. Les Régimens *Wallons* composés de toutes nations, se sont fort aguerris dans la derniere guerre de *Sicile*, & resteront complets, pendant tout le tems que les deserteurs de *France* ne recevront point d'amnistie ; mais la plus sure, & la plus belle troupe de ce Corps d'Infanterie, sont les six Bataillons des Gardes *Wallonnes*.

Les interêts de l'*Espagne* demandoient que son Roi fît de fortes alliances contre l'Empereur, qui lui retient les Royaumes de *Naples* & de *Sicile*, & tous les Etats qu'elle possédoit tant en *Italie*, que dans le *Pays-Bas*. Cependant l'alliance que Leurs Majestés

jestés Impériale & *Catholique* viennent de cimenter ensemble, nous laisse entrevoir que le Roi d'*Espagne* doit avoir d'autres vues. Quoi qu'il en soit, ce sont des rafinemens de politique qui ne réveillent point une Monarchie languissante. Le tems nous dévoilera tous ces misteres, & nous mettra plus au fait de toutes choses.

CHAPITRE XVII.

*Des Colomnes d'*Hercule, *du détroit & de la forterésse de* Gibraltar, *des villes de* Ceuta, *de* Tanger, *d'*Oran, *d'*Hasbat, *du Royaume de* Fez, *& de sa ville Capitale; des mœurs & du commerce de ces peuples.*

Quand on entre dans le détroit qui se trouve dans la partie la plus *Meridionale d'Espagne*, on découvre les montagnes de *Calpé* & d'*Abila*, où *Hercule* borna ses voyages. On les apelle *Colomnes*, parce qu'elles paroissent de loin, & se presentent aux yeux des Voyageurs comme deux piramides.

Le

Le Port de *Gibraltar* est plus beau que la ville bâtie sur la pente de la montagne, & dans un terrain si pierreux & si inégal, qu'on ne marche qu'avec peine dans les rues de cette forteresse, dont les *Anglois* sont en possession depuis 1701. & que le Roi d'*Espagne* a cédée comme l'Isle de *Minorque*, par la paix d'*Utrecht*, à Sa Majesté *Britannique*. La situation de *Gibraltar* & ses triples ouvrages, ne laissent esperer à aucune Puissance de pouvoir s'en emparer, tant qu'un ordre du Destin n'en disposera point autrement. On ne peut aborder cette forteresse du côté de l'*Espagne* que par une langue de terre, sur laquelle des Troupes ne sauroient presenter un grand front. Si le Maréchal de *Tessé*, & le Marquis *Thouy*, n'étoient point morts, ces deux Generaux pouroient être caution que rien n'aproche de
la

la bonté des fortifications & des ouvrages que l'on a conſtruits ſur le ſommet, & les pentes de cette montagne, devant laquelle échouerent leur courage & leur experience, après avoir perdu l'élite de l'Infanterie des deux Couronnes.

Ceuta, ſituée dans l'*Afrique*, ſur la pente d'une colline, & qui n'eſt forte que contre les *Maures*, eſt ſur le détroit dans le Royaume de *Fez*. C'eſt cette même ville que les *Romains* nommoient *Civitas*, & *Ptolomée*, *Exiliſſa*. Les *Goths* la ſoumirent, & ne la purent garder contre les *Maures*, ſur leſquels l'emporta *Jean I*. Roi de *Portugal*. Enſuite cette ville paſſa, comme les autres de ce Royaume, ſous la domination des *Eſpagnols*, dont elles s'affranchirent à eur tour à l'exception de celle-ci, parce qu'on ne voulut point confier le ſecret de la conſpiration

tion à son Gouverneur, qui étoit *Espagnol*.

Cette ville, dont l'Archevéché ne raporte que deux mille écus de revenu, est assez riante. On y vit presque pour rien, & ceux qui aiment la promenade, en trouvent de fort agréables du côté de son château, dont les fortifications ne sont point bonnes, & que les *Maures*, qui depuis quarante ans tiennent cette Place bloquée, n'ont pas le pouvoir de bombarder. Le Camp retranché de ces Infideles n'est qu'à trois Milles de cette ville, dont les petits Négocians, & les Vivandiers sortent des portes, & reviennent régulierement deux fois par semaine, après avoir vendu ou acheté dans le quartier de ces *Africains* les denrées dont ils ont besoin les uns & les autres.

Le Port d'*Oran* n'est guere plus visité que celui de *Ceuta*, mais la ville est plus grande, & seroit plus peuplée, si elle n'étoit pas au pouvoir des *Algeriens*, avec lesquels les *Chrétiens* simpatisent d'autant moins qu'on n'est pas en sûreté chez eux. Son Eglise Cathédrale dont on a fait la principale mosquée, a absolument depéri, & ne montre que bien peu de choses de sa premiere beauté. Cette ville se presente sur une colline, d'où l'on découvre une campagne aride, & dans un terrain assez resserré.

Tanger, au pouvoir du **Roi de Fez**, est deserte, & miserable. On la trouve sur le détroit du côté de l'*Afrique*. Les Négocians en tirent des cuirs, des fruits secs, du safran, & du ris, mais cette derniere denrée qu'on y trouve abondamment de même qu'en *Espagne*, est fort inferieure en bonté au ris que l'on tire du Levant.

Hasbat, sous la domination [du] même Prince, est encore pl[us] pauvre, & plus dépeuplée. L[es] habitans n'y ramassent que d[u] ris, & quelques fruits que pe[r]sonne ne prend la peine de leur a[l]ler demander.

Le Royaume de *Fez* que le d[é]troit de *Gibraltar*, & la mer *M[é]diterranée* détachent de l'*Espagn[e]* vers le Septentrion, faisoit ancien[n]ement une partie considerabl[e] de la *Mauritanie Tingitiane*. Ce[t]te contrée est fertile, mais pitoy[a]blement cultivée, quoi qu'ell[e] soit extraordinairement peuplé[e]. On ne voyage pas commodém[ent] dans ce pays, où l'on trouve beau-coup de sable, peu d'ombrag[e] pour se garantir de l'ardeur d[u] Soleil, & point de cabaret : de sorte qu'il faut se pourvoir de tou-te sorte de vivres, quand on pa[s]se dans cette partie de l'*Afrique*,

&

& y marcher avec armes & bagage.

La ville de *Fez*, Capitale de ce Royaume, est une des plus grandes villes du Monde, mais peu négociante, parce que ces peuples sont sans ambition, & n'ont aucune industrie. On y trouve un nombre infini de curiosités & de très beaux restes de la magnificence de ses Rois, qui ont voulu imiter, & même surpasser en tout les plus grands Monarques de l'*Europe*, quoi que ces anciens monumens ne soient pas dans leur entier, ni conservés comme ils pouroient l'être. On y voit encore une grande quantité de fontaines, & de jets d'eau, qui ne sont pas mal entretenus, & dont les places publiques sont toutes ornées. Mais les édifices Royaux, & les premieres Mosquées sont toujours superbes, & ces nombreux ouvrages à la Mosaïque faïque satisfont la curiosité des plus fins connoisseurs.

Les dehors & les jardins de cette ville sont immenses. Au reste quelque séjour qu'un Voyageur y puisse faire, il aura bien de la peine à y voir la fin de cent pistoles, s'il ne fait usage de son argent que pour la dépense de sa table.

Ces peuples quoi que Barbares, ne sont pas sauvages envers les Etrangers, qui tireroient plus de parti de leur conversation, que l'on ne peut faire, quand on ne sait point leur Langue. Ils sont sobres, patients, avares, & autant attachés à leur Alcoran, qu'un peuple le peut être à sa Religion.

Les cuirs font tout le commerce de ce Royaume, les fruits & le ris n'étant qu'un fort petit objet pour les Négocians de l'*Europe*.

CHA-

CHAPITRE XVIII.

De l'Afrique en general, & de l'Empire de Maroc, *avec la description de la Capitale de ce Royaume & de la petite République de Salé ; des forces & alliances de ce Prince barbare, des mœurs & de la Religion de ces peuples.*

LE Royanme de *Maroc*, & celui de *Fez*, desquels est composé l'Empire des *Cherifs*, étoit anciennement la *Mauritanie Tingitiane*, & fait aujourd'hui la partie la plus *Occidentale* de ce qu'on apelle *Barbarie*. Il a pour limites la mer *Méditerranée* au

Nord, l'*Océan Atlantique* au Couchant, le mont *Atlas* au Midi, & un peu au delà les deserts sabloneux de la *Numidie*, & au Levant, le Royaume de *Tremesin*, qui étoit la *Mauritanie Cesarée* des Anciens. Ce Roi se qualifie d'Empereur de *Barbarie*, & de *Maroc*, de Roi de *Fez*, de *Grand Cherif*, qui signifie *Illustre & Sacré*, & de veritable successeur & heritier de la maison de *Mahomet*. Quoi qu'il en soit, son Royaume peut avoir cent vingt-cinq lieues de longueur, depuis les montagnes qui le séparent du *Segelmesse*, jusqu'au Cap de ce nom, & autant de largeur, depuis ce même Cap, jusqu'au fleuve *Ommirabi*, lequel en reçoit plusieurs autres, qui le joignent après avoir arrosé quantité de plaines fort cultivées très abondantes.

Maroc est une grande ville située dans une belle plaine, & entoutourée de murailles d'une hauteur extraordinaire, bâties à chau & à sable, mêlés avec de la terre grasse : ce qui rend le ciment si dur, que lors que l'on frape dessus, il en sort du feu comme d'un caillou.

On trouve de belles ruines des plus beaux édifices de cette Capitale, qui a beaucoup perdu de son ancienne splendeur, tant à cause des fréquentes révolutions qui ont énervé ce Royaume, que par le peu de séjour que son Empereur y a fait, ce Prince aïant donné toute son attention à la ville de *Miquenez*, nouvellement bâtie. Le Palais du Roi est un bâtiment immense, dans lequel on remarque quantité d'ouvrages à la Mosaïque assez bien exécutés, un nombre infini de petits apartemens où l'on ne trouve que des tableaux de peu de valeur. On se promene avec beaucoup de liberté dans les vastes jardins

dins du Prince, qui sont plantés sans goût & sans arrangement. Ce Palais est bâti sur une grande place nommée le *Cereque*, où se font les réjouissances publiques, dans les fêtes solemnelles.

La principale Mosquée est une des plus magnifiques que les *Mahométans* ayent encore bâties, & possède plus de richesses que toutes les autres ensemble, quoi que la plupart soient fort belles, & bien entretenues. On voit au bas de la ville un très grand Collége où l'on se promene agréablement, sur-tout dans une grande sale ornée d'un ouvrage à la Mosaïque, que les Connoisseurs ne cessent point d'admirer. La Cour qui est au devant est pavée de grands carreaux d'albâtre, avec un bassin au milieu, fait d'une seule pierre qui n'a point sa pareille dans toute la *Barbarie*. Les Curieux ne visitent pas avec moins de satisfa-

satisfaction le magnifique aquéduc, qui par le secours de quatre cents canaux, porte abondamment de l'eau dans toute cette ville, dont les places publiques sont remplies de fontaines, & de quantité de jets d'eau.

Les *Juifs* ont un quartier séparé à l'extrêmité de la Cité, où la plupart sont Orfèvres, ou Marchands, mais les plus intelligens régissent les revenus des enfans du Roi, & des premiers de ce Royaume; les uns & les autres étant accoutumés depuis long-tems à l'administration de ces Négocians, quoiqu'ils ne soient point autant accrédités que les Marchands *Chrétiens*, qui habitent près de la douane, où se fait le plus grand trafic de soye, d'étoffes de lin & de coton, & autres marchandises du pays peu recherchées

Les habitans de cette Capitale font naturellement fuperbes & grands ennemis des *Chrétiens*. Leurs femmes moins contraintes qu'en *Turquie*, & aufli magnifiquement habillées qu'elles le peuvent être, font liberales, enjouées, & très galantes : ce qui excite continuellement la jaloufie de leurs maris, qui ne font pas plus raifonnables fur cet article que les *Efpagnols*.

Salé eft une petite République peuplée de Corfaires fous la domination du Roi de *Maroc*, qui l'a foumife depuis quelque tems. La ville eft fituée fur une petite riviere, qui ne peut porter bateau qu'à trois lieues de fon embouchure dans l'*Océan Occidental*, mais dont l'entrée eft extrêmement dangereufe, à caufe du peu d'eau qu'il a fur fa barre, & des fables mouvans qui font fouvent perir les Vaiffeaux, dont les Capitaines ne fe font point précautionnés

cautionnés d'un pilote du pays. On trouve dans cette ville plusieurs antiquités, une grande Mosquée, une grosse Tour bâtie contre toutes les règles de l'architecture, des rues assez bien alignées, & des maisons assez jolies. Le Port où abordent de petits bâtimens Corsaires, & des navires Marchands, qui viennent pour y charger des cuirs, est étroit, & fort négligé, de même que la campagne, où l'on recueille quantité de coton dont les habitans font des toiles & des futaines. Les *Saletins* sont mauvais matelots, & ne connoissent personne, quand ils se trouvent les plus forts. Les cuirs font tout le commerce de cette ville, dont les marchandises d'entrée & de sortie aquitent au bureau de *Fez* les droits de la douane.

Le Roi de *Maroc* est despotique dans ses Etats, & dispose à

son

son gré de la vie, & des biens de ses Sujets, qui ne sont guere plus estimés que les autres peuples d'*Afrique*. Ils sont comme les autres larrons & perfides, & ne tirent que fort peu d'avantage de la fertilité de leur pays, dans lequel on trouve des mines d'or & d'argent, quantité de rivieres fo t poissonneuses, de fertiles plaines, & tout ce qui pouroit contribuer au bonheur d'une nation plus vertueuse que ne l'est celle-ci. Les *Portugais* les tiennent en bride par une bonne & grande forteresse qu'ils ont bâtie à l'entrée de ce Royaume, où ils sont bien autrement redoutés que les *Espagnols*, pour lesquels ces *Africains* ont d'ailleurs une antipatie inexprimable.

Les villes de ce Royaume sont miserables, extrêmement peuplées, & ouvertes de tous côtés, à l'exception de la Capitale. Mais la campagne est defendue par une infinité de Tours dans lesquelles se retirent les *Arabes*, comme font ailleurs les autres peuples de *Barbarie*. Les milices de cet Etat ne sont disciplinées, ni entretenues, & font la guerre tout aussi mal qu'elles sont payées.

L'*Afrique* est une des quatre parties du Monde, & la plus grande presqu'isle de tout l'Univers. Elle paroît en forme de piramide, environnée de la *Mer Rouge*, de l'*Océan*, & de la *Méditerrannée*, & a pour bornes la *Judée* au Levant, avec la *Mer Rouge*, & l'*Arabie*. Ses limites du côté du Midi, où elle fait une pointe, vers le *Cap de bonne esperance*, sont la mer d'*Ethiopie* qui la borne en partie du côté du Couchant, auquel elle confine avec l'*Océan Atlantique*, ou Occidental, qui la sépare de l'*Amerique*,

rique, & du côté du Nord elle est resserrée par la *Méditerrannée*.

La *Barbarie*, qui comprend les Royaumes de *Maroc*, de *Fez*, de *Thunis*, d'*Alger*, de *Tripoli*, de *Telensin*, & de *Barca*, est le meilleur pays de cette partie du Monde, qui est habitée par cinq sortes de peuples, savoir les *Mahométans*, les *Cafres*, les *Idolâtres*, les *Juifs*, & les *Chrétiens*. Les *Mahométans*, qui sont en possession de la plus grande partie de cette presqu'isle, sont divisés en soixante & douze sectes, dont les uns suivent l'Alcoran à la lettre, & les autres veulent y ajouter les superstitions de leurs *Marabous*, leurs ceremonies, & leur musique misterieuse. Les Idolâtres dont le nombre ne diminue point, vivent comme des brutes, & n'ont de même que les *Cafres*, aucune connoissance du vrai Dieu.

Les

Les Anciens ont très-peu connu ce grand continent. Tout ce qui est au delà des sources du *Nil*, & des *Montagnes de la Lune*, n'a été découvert que depuis deux cents ans. On s'imaginoit, avant cette découverte, que tout le pays situé sous la Zone torride, étoit inhabitable à cause de l'ardeur du Soleil ; & sur ce préjugé, on négligeoit entierement de reconnoître les extrêmités de cette presqu'isle, que les *Romains* ont divisée en six parties, & les meilleurs Géographes en douze.

Les *Portugais* sont les premiers qui ont découvert ce qui étoit inconnu aux Anciens. *Henri*, Duc de *Viseu*, le plus jeune des enfans du Roi Don *Jean I*. découvrit l'an 1400. l'Isle de *Madere*, l'an 1428. l'Isle de *Port*, l'an 1440. les Isles du *Cap Verd*, & l'an 1450. les Côtes de *Guinée*. Cette entreprise fut abandonnée

après

après la mort de ce Prince, mais le Roi Don *Jean II.* la pourfuivit, & eut connoiffance par le moyen de *Diego Kon* l'an 1488. des Royaumes de *Congo*, & d'*Angola*, & de l'Ifle de *St. George*.

Barthelemi de *Diaz* paffa enfuite le *Cap Verd*, prit terre à l'*Ifle du Prince*, & avança vers le Midi, à l'extrêmité de l'*Afrique*, dont la pointe fut depuis apellée le *Cap de bonne efperance*. Les *Anglois*, & les *Hollandois* firent à leur tour de bonnes découvertes dans cette partie du Monde, & y foutiennent le commerce avec plus de fuccès que nulle autre nation.

Quoique les *Africains* foient divifés en plufieurs nations, qui fe trouvent répandues dans des climats fort opofés, ces peuples ne parlent prefque tous qu'une même Langue, qu'on apelle la *Langue d'Abimelec*, parce qu'on

le

le tient pour l'Auteur de leur grammaire. On se sert aussi dans plusieurs Provinces d'un ancien jargon, qu'ils nomment *Aquelmaric*, comme qui diroit *Langue Noble*.

Quoi que cette presqu'Isle ne presente dans plusieurs de ses Provinces, que de vastes deserts sabloneux, on trouve dans bien d'autres Cantons que vers la ligne équinoctiale, des terres aussi fertiles que dans les pays les plus temperés

Sous la Zone torride on a toute une autre saison que sous les autres Zones. Dans nos climats, le Soleil en s'éloignant de notre horizon, nous envoye le froid ou la pluye, & nous ramene à son retour la chaleur, & la sècheresse, ce qui est tout oposé dans la Zone torride. Les peuples qui vivent sous l'Equateur ont deux hivers toutes les années, ou deux
saisons

saisons pluvieuses : ce qui ne manque point d'arriver, lors que le Soleil est dans l'équinoxe de Mars, & dans celui de Septembre. Mais les Cantons éloignés des montagnes sont un peu moins maltraités par la Nature, à cause que leurs cimes arrêtant le cours de l'air, qui va de l'Orient à l'Occident, cet air se congele en nuées, & ces nuées se fondent en pluyes, pendant que le tems est serein & temperé de l'autre côté des montagnes.

Comme il est de l'interêt de l'*Espagne* de reprendre sur le Roi de *Thunis* le Fort de la *Goulette*, le Roi de *Maroc* devroit faire des efforts pour s'emparer de la ville de *Ceuta*, & de la forteresse que les *Portugais* occupent dans son propre pays, & menager ensuite une bonne & durable paix avec Leurs Majestés *Catholique* & *Portugaise*, pour pouvoir commercer

mercer avec les Sujets de ces deux Couronnes. Mais en même tems il faudroit établir à *Fez* & à *Maroc* de bonnes manufactures, & y attirer des Etrangers qui eussent assez de capacité pour en être les Directeurs. Ces peuples sont la plûpart basanés, noirs, ou jaunâtres; & aussi perfides & cruels qu'ils l'ont été de tout tems. Il est étonnant qu'une nation aussi avare soit aussi peu industrieuse, & ne sache tirer aucun parti de l'or, & de l'argent; qui se trouveroit en abondance dans le sein de leur terre.

CHAPITRE XIX.

Des Royaumes de Tripoli, *&* d'Alger, *des mœurs, de la Religion, du commerce de ces peuples, avec la description de leurs villes Capitales.*

LE Royaume de *Tripoli*, entre la mer, & celui de *Tunis* qu'il a au Couchant, seroit un des plus riches pays de l'*Afrique*, s'il étoit habité par des peuples moins lâches, & plus experimentés. La campagne de cet Etat, dans lequel on ne compte que trois ou quatre pauvres villes, est toujours émaillée de quantité de fleurs, qu'elle ne cesse e de produire dans toutes les saisons, de sorte que ses plaines, & ses montagnes sont aussi agréables que les jardins de nos climats fortunés, à cela près que tout y paroît brute, & sans ordre.

La Capitale est une grande ville mal située, que les Corsaires preferent pour leur retraite à toutes les autres. C'est à peu près toute la compagnie que l'on trouve dans cette ville, où le Consul de *France*, & les Missionaires, qui sont de l'Ordre de *St. François*, s'ennuyent beaucoup, quoique le premier y trouve le moyen de faire de bonnes affaires.

Ces peuples vivent dans une espèce d'indépendance qui les rend d'une insolence insuportable. Ils sont voleurs & cruels, & regardent leur fantôme de Roi avec très peu de respect.

Les *Espagnols* ont fait autrefois la conquête de ce Royaume,

dans

dans lequel l'Empereur *Charles V.* voulut établir les Chevaliers de *Rhodes*. Mais ceux-ci ne trouvèrent pas à propos d'accepter l'offre de cette Souveraineté, jugeant bien qu'il leur seroit de toute impossibilité de la soutenir contre les *Turcs*, étant trop éloignés des Royaumes qui les protègent.

Le Port qui n'est fréquenté que par des pirates, & quelques navires marchans, lesquels viennent y charger des grains, des laines, des fruits, du coton, des soyes, du ris, de l'encens, & des épiceries, est étroit, & fort exposé au vent de Nord. D'ailleurs tout ce qu'on demande pour la commodité de la vie, se trouve fort aisément, & à très grand marché dans ce pays. Les bécasines & tout le gibier de marais & de riviere y sont excellens, & en abondance, & les huiles ne cede-

cederoient point à la meilleure de *Provence*, si on ne précipitoit pas la maturité de ce fruit. Les *Tripolitains*, de même que les *Saletins* & autres pirates de cette contrée, sont d'ignorans & de lâches Corsaires, que les Chevaliers de *Malthe* attaquent en tout tems, quand ils peuvent les découvrir, & ils les combatent avec l'assurance de remporter sur eux un avantage complet.

Le Royaume d'*Alger* que l'on divise en cinq Provinces, a celui de *Thunis* au Levant, le *Biledulgerid* au Midi, le Royaume de *Fez* au Couchant, & la *Méditerrannée* au Septentrion. La Capitale est située sur la pente d'une montagne qui s'eleve insensiblement, de maniere que les maisons qui sont bâties sur cette coline, depuis le bord de la mer jusqu'au sommet de cette montagne, font comme une espèce d'amphithéatre,

théatre, sur lequel se presentent plusieurs édifices nouvellement bâtis, comme sont les trois principales Mosquées, le Palais du Roi, & plusieurs autres, qui promettent beaucoup dans un point de vuë éloigné, & qui ne sont pourtant rien, quand on les voit de près. La prison des Esclaves *Chrétiens* est à côté de la grande Mosquée de cette ville, dont les murailles sont fort hautes & très épaisses. On y entre par quatre portes differentes, & vis à vis celle qui regarde le Septentrion se trouve le Port, & une Isle, que l'on a jointe à la terre ferme, par un mole qui rend le Port plus sûr & plus grand qu'il ne l'étoit auparavant. Plusieurs Forts qui ne valent absolument rien, deffendent du côté de la mer les aproches de la ville, & de l'autre elle est environnée de rochers,

au

au pied desquels sont de vastes plaines fertiles en bleds, & en pâturages.

Alger est assez commerçante, & la douane raporte à la Régence autant de revenu que tout le Royaume. On y compte environ cinquante mille habitans, dont une partie sont des Renegats *Chrétiens*, qui sont fort méchants, & très effrontés. Les *Maures* sont un peu moins dangereux, mais les uns & les autres ne sont que de fort malhonnêtes gens. La *France* & l'*Angleterre* y tiennent un Consul. Ces deux nations tirent de ce Royaume des toiles de coton, des soyes, des laines, des bleds, des huiles, de l'encens, des épiceries, & du ris.

Une partie de la *Barbarie* est soumise à des Rois qui sont despotiques dans leurs États, comme

me le peuvent être ceux de *Maroc*, & d'*Ethiopie*, & l'autre partie est gouvernée par de petits Tirans qui sont vassaux & tributaires de la *Porte*, tels que sont les Rois d'*Alger*, de *Thunis*, & de *Tripoli*. On y trouve encore des peuples qui forment une espèce de République ambulante, ainsi que sont ceux qui vivent sous des tentes dans les plaines, ou sur les montagnes. Mais dans les villes qui dépendent entierement du grand Seigneur, le Sultan y entretient un Bacha, un Cadi, ou Juge, qui connoît en dernier ressort de toutes les causes civiles & criminelles: chaque Partie plaide son affaire devant leurs tribunaux; les Avocats, & les Procureurs n'étant connus chez les *Mahométans*, que dans les Etats du Roi de *Maroc*.

Ces peuples en general sont d'une superstition qui repond à
leur

leur grande ignorance. A cela près, ils ne connoissent ni loi, ni justice, étant nés cruels, avares, impitoyables, volages, & sans industrie, haïssant préférablement les *Chrétiens* à tous autres, & s'imaginant que leur Prophète est le Dieu du Ciel & de la terre.

CHAPITRE. XX.

De l'Ethiopie en general, & en particulier de l'Empire des Abiſſins *, de leur Prince, de ſes forces, des mœurs & ſuperſtition de ces peuples, de leur origine, & de leur ſituation.*

L'*Ethiopie*, que la ligne équinoctiale partage, eſt diviſée en *Haute* & *Baſſe*. La premiere comprend le pays des *Abiſſins*, & l'autre les Royaumes de *Congo*, & de *Biafara*, la *Cafrerie*, & le *Monomopata*. Celleci s'étend depuis la riviere *Dos Camerones*, où eſt le fond du golfe de *St. Thomas*, en tournant autour des Caps *Negre*, *de bonne eſperance*, espérance, & des *Corientes*, jusqu'à la riviere de *Cuama* qui la borne du côté du *Zanguebar*. On y trouve des cantons très fertiles, & des plaines continuellement arrosées par plusieurs rivieres assez poissonneuses. La plus grande partie de la *Basse Ethiopie* est habitée par des Idolâtres qui sont cruels & superstitieux, & dont la plupart s'adonnent aux sortiléges, sacrifiant au Démon leurs propres enfans. Les *Cafres* n'ont point de Religion, & leur Province est bornée dans les terres par une chaine de montagnes que forment les *Monts de la Lune*.

Le *Cap de bonne espérance* est le point le plus *Meridional* de l'Afrique, & même de notre continent. *Vasquez* de *Gama* le reconnut en 1498. & après avoir doublé ce fameux promontoire, il alla découvrir les *Indes Orientales*,

les, où il se rendit par la grande mer. C'est depuis cette riche découverte que les *Portugais* se vantent d'être les premiers qui ont eu connoissance de ce Cap, ne sachant point aparemment que les Anciens en savoient aussi bien qu'eux le chemin. Les terres de cette contrée sont extrêmement fertiles, & ont des mines d'or. Les habitans sont noirs & basanés, & la plupart idolâtres, ou *Mahométans*. Ils ne font point de quartier aux Prêtres de l'Eglise *Romaine*, qui s'avisent de visiter leur pays sous quelque prétexte que ce puisse être. Il se faisoit autrefois sur ces côtes un très grand commerce d'or, que l'on tiroit de ces peuples en échange de quelques marchandises de peu de valeur. Mais les *Ethiopiens* connoissent aujourd'hui le prix de toutes choses, & sont aussi rusés que tous nos petits Négocians

d'*Eu-*

d'*Europe*, qui ne font plus chez eux des fortunes auſſi conſiderables que par le paſſé.

L'*Abiſſinie* eſt moins fertile que la *Baſſe Ethiopie*. Elle eſt gouvernée par un Empereur dont le pouvoir eſt des plus deſpotiques. Ce Prince vend ordinairement toutes les charges à des perſonnes qui font de grandes exactions ſur les peuples. Les Nobles qui ſont beaucoup honoré dans cet Empire, portent l'épée, ou la font porter devant eux par un Domeſtique. Leur Empereur met ordinairement en campagne une armée de trente mille hommes d'Infanterie, & de quatre mille chevaux, dont il y en a quinze cents de la taille & de la force des genêts d'*Eſpagne*. L'Empereur & l'Imperatrice vont à la guerre, accompagnés de toute leur Cour, & le terrain qu'occupe le Camp eſt extrémement

ment étendu à cause des Vivandiers, & d'autres gens qui suivent l'armée, & dont le nombre excède toujours celui des Troupes réglées. Le tentes sont rangées dans un très bel ordre: celles du Prince sont dressées au milieu du Camp, & un peu éloignées de celles de l'Imperatrice, des Dames, & principaux Seigneurs de cette Cour. Ce Camp en tems de paix, de même qu'en tems de guerre, est comme la Capitale de l'Empire, parce qu'il n'y a point de ville dans l'*Abissinie*, où le Souverain fasse son séjour. Mais en revanche, il y a tant de villages dans plusieurs Provinces de cette *Haute Ethiopie*, qu'ils paroissent ne composer qu'une même ville, étant bâtis les uns près des autres.

Lorsque l'armée décampe, quatre Prêtres portent très respectueusement l'autel sur lequel on dit

dit la Messe. Cet autel a la forme de l'arche de l'ancien Testament, que ces peuples soutiennent être encore dans leur Eglise d'*Auxum*.

L'Empereur porte une Couronne faite en forme de toque, couverte de plaques d'or & d'argent, avec quelques perles ; car on ne connoît point d'autres pierreries dans cet Empire ; dont le Souverain prend le caractere de Diacre, pour pouvoir communier comme les Prêtres dans le Chœur des Eglises. Les *Abissins* n'ont qu'un Evêque qui leur est envoyé par le Patriarche d'*Alexandrie*. Ils suivent la Religion des *Grecs*, qui ne reconnoissent point le Pape. Il y en a parmi eux qui sans judaïser, soutiennent la nécessité de la circoncision, mais qui cependant ne l'observent pas comme un précepte. La plupart ne croyent pas que le St. Esprit procède

cède du Pere & du Fils, & donnent un peu dans l'*Arianisme*. Ces peuples dont la superstition & l'ignorance est des plus grandes, sont fort dissimulés, & grands ennemis de l'Etranger qui n'aprouve point leur doctrine.

CHAPITRE XXI.

Du Royaume de Portugal, *de sa fondation, & de ses révolutions : de la ville de* Lisbonne, *de ses édifices, des mœurs, & du génie de ses peuples, de leur commerce, de leur religion, de leurs interêts, & du Tribunal de l'Inquisition.*

LE *Portugal*, qui faisoit anciennement partie de l'*Iberie*,

rie, est situé dans son Occident, & fut fondé par les mêmes qui peuplerent l'*Espagne*, dont les *Portugais* suivirent le sort, sous le règne du grand *Almanzor*, de sorte que ce fut en 717. que le *Portugal* se trouva subjugué par les *Maures*.

Au commencement du douzieme siècle, *Henri* cadet de la Maison de *Bourgogne*, & conséquemment sorti de la Maison de *France*, chassa ces Infideles des extrémités de l'*Espagne*, & entre autres du *Portugal*, où il trouva, par leur resistance, de belles occasions de signaler son courage. Après cette glorieuse expédition, ce Prince épousa *Therese* fille d'*Alfonse VI.* Roi de *Castille*, & de *Léon*, laquelle eut pour dot, & pour tout apanage, les conquêtes du Prince son Epoux, qui en forma l'Etat de *Portugal*. *Alfonse*, fils de *Henri*,

Henri, fut le successeur de ce Prince, & prit le titre de *Roi*, qu'il soutint bien dignement.

La Maison de *Bourgogne* conserva près de cinq cents ans la Couronne de *Portugal*, qu'elle perdit en 1578. à la mort du Roi Don *Sebastien*, qui perit avec l'élite de la Noblesse *Portugaise* dans une bataille que gagna contre toutes les forces de ce Royaume un fameux Roi de *Maroc*. A Don *Sebastien* succéda le Cardinal Don *Henri* son grand Oncle, qui étant Prêtre, infirme, & fort âgé, se vit obligé de céder cette Couronne au plus heureux, & au plus puissant des Princes qui dans ces circonstances se trouvoient en état d'y prétendre.

Philipe II. Roi d'*Espagne* avoit pour Concurrens Don *Jacques* Duc de *Bragance*, lequel par les droits du sang y avoit plus de part que personne, aïant des enfans

fans de *Catherine* de *Portugal*, fille de Don *Edouard*, qui avoit pour Pere le Roi Don *Emanuel*. Le Duc de *Savoye*, & le Duc de *Parme* avoient aussi beaucoup de droits sur cette Couronne, à laquelle prétendoit encore Don *Antoine*, grand Prieur de *Crato*, qui soutenoit que le Roi Don *Emanuel* avoit épousé *Yvolente* de *Gomez* dite la *Pelicane*, de laquelle il avoit eu le Duc de *Beja* son Pere. Mais les representations, & les efforts que fit ce dernier pour s'oposer aux *Espagnols*, furent inutiles : le Duc d'*Albe*, sans oposition de la part du Duc de *Bragance*, fit en très peu de tems, & sans effusion de sang la conquête de ce Royaume, qui fut réuni à l'*Espagne* en 1580.

Pendant tout le tems que les *Espagnols* furent les maîtres de cet État, la Noblesse *Portugaise* fut persécutée, & horriblement

blement maltraitée, à l'exception de la Maison de *Villareal*, & de deux ou trois autres qui se dévouerent à la Couronne d'*Espagne*, dont les Ministres, mais sur-tout le Duc d'*Olivares*, tirerent de *Lisbonne*, & des autres villes à proportion, des contributions excessives. Ces peuples ne furent épargnés que sous le gouvernement de *Marguerite* de *Savoye*, Duchesse de *Mantoue*, leur Vice-Reine, qui ne prit que le titre de cette charge, sans en exercer les fonctions. Ce furent Don *Sebastien* de *Norogna*, Archevêque de *Brague*, & *Vasconcellos*, *Portugais* de nation, qui gouvernerent le Royaume, pendant le tems que *Marguerite* en conserva la Vice-Royauté. Ces deux Seigneurs à la verité n'oprimoient point les peuples, mais les Intendans, & les Créatures des Ministres d'*Espagne*, les vexoient

xoient de tems en tems de la manière la plus dure, & la moins suportable, à l'infçu de la Duchesse de *Mantoue*, qui n'étoit ni cruelle, ni avare.

Dans ces circonstances, les *Portugais* qui ne souffroient que très impatiemment la tirannie *Espagnole*, resolurent serieusement de s'en delivrer. Les uns proposerent de se mettre en République sous la protection de la *France*, & de se gouverner comme les *Hollandois*. D'autres n'étoient point de ce sentiment, & opinoient pour un Souverain, proposant le Duc de *Bragance*, qui descendoit du Roi *Jean I*. Les Partisans du Duc d'*Aveiro*, issu de *Jean II*. surnommé *le Parfait*, faisoient de fortes brigues pour le placer sur le trône ; mais Don *Louis d'Acuna*, Archevêque de *Lisbonne*, réunit tous les esprits en faveur de la Maison de *Bragance*, dont on re- solut

solut de couronner le Chef, qui de tous ceux qui entroient dans cette conspiration, étoit le moins informé de ce qui se tramoit. *Pinto Ribeira*, Intendant de la Maison de ce Prince, plus attentif aux interêts de son Maître que le Duc même, ramassa de tous côtés de grandes sommes, & n'informa le Duc de *Bragance* de sa prochaine élévation, qu'après s'être assuré de tous les ressorts les plus utiles, pour le succès d'une entreprise de cette conséquence.

Tous les grands Seigneurs du Royaume entrerent dans le complot, dont le secret ne fut caché qu'à l'Archevêque de *Brague*, favori de la Duchesse de *Mantoue*, au Marquis de *Villareal*, trop attaché à l'*Espagne*, à *Vasconcelos* qui étoit du même parti, & au Gouverneur de *Ceuta* en *Affrique*, parce qu'il étoit *Espagnol*.

Cependant le Duc de *Bragan-*

ce qui se trouvoit en *Espagne*, trouva le moyen, sous des prétextes qui ne donnerent point d'ombrage, de sortir de ce Royaume, & de se rendre à *Lisbonne* où l'on étoit asluré par le Comte de *Soura*, Envoyé de la Noblesse *Portugaise* à *Paris*, que le Roi *Très-Chrétien* les soutiendroit de ses forces. Sous de tels auspices, ils choisirent le jour où devoit éclater cette fameuse conspiration. Les premieres Dames de cette Cour n'eurent pas moins de zèle que leurs Maris, pour la réussite de ce grand projet, & la Comtesse de *Villenas*, Grand-Mere du Marquis d'*Allegrette*, & du Comte de *Tarrouca*, arma de ses propres mains ses deux fils, & les exhorta courageusement à faire leur devoir, & à se distinguer s'il leur étoit possible dans cette célèbre journée. Ce fut dont le 1. de Décembre de l'an 1640. que les

Portugais secouerent le joug Espagnol, & que toutes les villes de ce Royaume, dans la même journée, & à la même heure, recouvrerent leur liberté, que leur avoient ravie des peuples, qui bien loin de pouvoir simpatiser avec la nation *Portugaise*, ont conçu de tout tems contre elle une haine implacable.

Un jeudi premier jour du dernier mois de l'année, toutes les personnes engagées dans cette grande entreprise s'assemblerent, & se partagerent en trois corps, qui se rendirent séparément chez les Seigneurs d'*Almeida*, de *Mendoça*, & d'*Almada*, de chez lesquels tous sortirent au premier signal, & se trouverent en même tems au Palais du Roi, où la Vice-Reine fut arrêtée avec beaucoup de respect. L'Archevêque de *Brague* ne fut pas traité avec tant d'égard, non plus que

le

le peu de nationnaux affectés à l'*Espagne*, mais on n'épargna pas *Vasconcellos* dont le corps fut mis en pièces ; de sorte qu'excepté la mort de cet habile, mais trop hardi Ministre, le projet de cette révolution eût été exécuté sans la moindre effusion de sang. La Vice-Reine fut renvoyée sur le champ en *Espagne*, & *Jean* Duc de *Bragance* proclamé Roi. Ce Prince, six jours après sa proclamation, fit son entrée publique à *Lisbonne*, dans laquelle on tira un magnifique feu de joye : ce qui fit dire aux *Espagnols* que le *Duc* de Bragance *devoit être né le plus heureux des hommes, puis qu'un aussi beau Royaume ne lui coutoit qu'un feu d'artifice.*

Lisbonne est une des plus grandes villes Capitales des Royaumes de l'*Europe*. Elle est située sur plusieurs montagnes qui rendent le terrain de ses plus belles rues

rues inégal, & difficile. Les Palais des premiers de cette Cour sont assez bien bâtis, & meublés à la maniere du pays, où l'on ne se pique point trop de beaucoup de magnificence, ni dans les ameublemens, ni dans les équipages. Le Palais même du Roi n'a rien de fort magnifique, & tout paroît fort simple dans cette Cour, qui pourtant est assez liberale, surtout envers les Etrangers, dont une infinité se ressentent des bienfaits du Prince.

Les Places & les édifices publics n'ont rien de fort remarquable, mais les Eglises, & surtout la métropole, sont d'une beauté & d'une richesse extraordinaire. Les Monasteres d'hommes, & ceux des filles sont aussi peu réglés les uns que les autres, & c'est chez ces dernieres que l'on fait l'amour avec moins de précaution, & plus de dépense que
dans

dans nul endroit de cette ville, dans laquelle on ne doit point espérer de trouver des opera, ni de bonnes troupes de Comédiens, mais en revanche quantité de maisons où l'on joue tout l'argent que l'on veut hasarder, & dans lesquelles on en peut ramasser beaucoup, si l'on tient les cartes, ou le cornet avec assez de bonheur.

La Noblesse *Portugaise* aime passionnément le jeu, & les femmes. Ils sont ennemis irreconciliables, fiers, hautains, emportés, & superstitieux, mais reconnoissans & fideles dans leur amitié, fort sociables lorsqu'ils ont perdu le goût de leur terroir, secrets, & hardis dans leurs entreprises, & un peu outrés dans tout ce qu'ils font en bien ou en mal.

On supute que les revenus du Roi peuvent monter à cinquante

quante millions de livres. Le gouvernement de ce Prince est doux & équitable, & ses Sujets vivent dans une aussi parfaite tranquilité que dans un Etat Républicain. Mais l'Inquisition de *Goa*, & de *Lisbonne*, aussi insatiable & aussi cruelle que celle d'*Espagne*, y persécute incessamment les *Juifs*, de la maniere la plus horrible, & la plus indigne du nom *Chrétien*.

Les Provinces de ce Royaume sont assez étendues, & fort peuplées. On y vit moins cherement que dans la Capitale, mais on n'y trouve pas autant de société, ni de ressource pour un Etranger.

Le Port de *Lisbonne* est un des meilleurs, & des plus fréquentés de l'*Europe*. Le *Tage* y porte les plus gros Vaisseaux de guerre; & les plus nombreuses flotes, dont les navires qui peuvent jetter

ter leurs ancres fous les balcons du Palais du Roi, y abordent très aifément dans toutes les faifons de l'année.

Cette Capitale n'eft pas mieux fortifiée que les autres villes du Royaume. On trouve feulement fur le bord de fa belle & principale riviere, plufieurs Forts que le tems a moins épargnés que la Tour de *Bougi*, & celle de *Belin*, qui ne font pourtant point en état de deffenfe.

Les efpèces d'or & d'argent parmi lefquelles il n'y a point d'aliage, ne font pas au-deffus de leur valeur intrinfèque, de forte que les habiles Négocians en tranfportent hors du pays tout autant qu'ils le peuvent, parce qu'il y a beaucoup de profit à faire dans les autres Royaumes fur les *Lisbonines*, ou les *Cruzades*. On tire auffi de *Portugal* quantité de fucre, de cochenille, d'indigo,
d'é-

d'épisseries, des laines, des vins, & du tabac.

Au surplus les *Portugais* sont portés naturellement pour les *François*; mais l'interêt de cette Couronne la doit fort attacher à l'*Angleterre*, n'eût-elle d'autre vue que de faire fleurir son commerce, auquel les *Anglois* sont plus en situation de contribuer que nulle autre nation.

Ce Royaume est si peuplé, principalement du côté de la mer, qu'on y compte près de six cents villes, ou bourgs priviligiés, & plus de quatre mille Paroisses. Il est divisé en cinq Provinces; & arrosé de quantité de rivieres remplies de poisson. Le pays est fertile & bien plus riche que toute l'*Espagne* ensemble, dont il faisoit autrefois la sixieme partie. C'étoit des mines de *Portugal* qui ne sont nullement épuisées, que les *Romains* tiroient continuellement

nuellement de l'or, qu'ils y venoient charger tous les ans, de même que les *Portugais* le vont chercher dans les *Indes Occidentales*, où ils ont de grandes habitations, & un grand nombre de Ports fort commodes.

Comme le Roi de *Portugal* ne veut s'agrandir que dans l'*Amerique*, ce Prince n'entretient que quatre mille hommes de Troupes réglées; un corps d'Officiers de marine très régulierement payés, trois ou quatre Ingenieurs, & autant d'Officiers d'Artillerie, qui ne s'enrichissent point dans son service, les apointemens étant petits; mais ils ne sont point obligés d'avoir des équipages, & de faire des dépenses superflues.

L'Ordre de *Malthe* possède de belles commanderies dans ce Royaume, & les deux Ordres du Clergé y sont puissamment riches.

CHAPITRE XXII.

Du Bresil en general, & en particulier des habitations des Portugais, du commerce qu'ils ont établi dans cette Contrée, de la qualité du pays, des mœurs, & de la Religion de ces peuples.

LE *Bresil* est une grande Contrée de l'*Amerique Meridionale*, laquelle s'étend depuis la *Mer du Nord*, à l'entrée de la riviere des Amazones, jusqu'aux Provinces du *Paraguai*. Sa côte fait un demi cercle qui a près de douze cents lieues, & la même mer la baigne en trois endroits. *Alvares Cabral* fut le premier qui découvrit ce pays en 1501. y
aiant

aïant été poussé par une tempête. Il y fit quelques habitations pour sa nation, & y éleva une colomne avec les Armes du Roi de *Portugal*.

Americ Vespuce qui a donné son nom à l'*Amerique*, reconnut ensuite plus particulierement le pays, & s'empara d'une partie qui fut soumise aux *Portugais*. Ceux de ces peuples qui ne sont point sous la domination *Portugaise*, vont nuds, tuent & mangent leurs ennemis, ne connoissant ni loix, ni Maîtres, & sont d'une ferocité funeste à ceux qui tombent entre leurs mains. Le Roi de *Portugal* y a fait bâtir plusieurs villes, dont *St. Salvador* est la principale. Il y tient garnison, de même que dans les autres, où l'Inquisition est aussi injuste & aussi avare que peuvent l'être les Sauvages du pays. Quoi que cette Contrée soit sous la

Zone torride, l'air y est assez tempéré, & les eaux excellentes. Aussi les habitans y vivent plus long-tems que par-tout ailleurs, puisqu'on y en trouve qui poussent leur carriere jusqu'à l'âge de cent cinquante ans. D'ailleurs ils sont de moyenne taille, & ont la tête grosse, les épaules larges, la couleur jaunâtre, & basanée, & n'aiment que la vengeance.

La Mandioche qui est une espèce de racine leur fournit quand elle est sèche, de la farine dont ils font du pain, & le Cumin est la boisson la plus ordinaire, le terroir y étant plus propre pour les fruits, légumes, & pâturages, que pour des champs de froment, & des plans de vigne. Au surplus, les campagnes sont bien cultivées, & le paysage assez diversifié.

La plus grande partie de ces peu-

peuples, qui se sont soumis à la Couronne de *Portugal*, sont presque tous *Chrétiens*, mais ils n'en sont guere plus raisonnables. Ils habitent dans des *Aldées*, qui sont des villages, où il n'y a que quatre ou cinq maisons, mais si longues & si larges, que huit ou neuf cents personnes peuvent facilement habiter dans chacune.

Les *Portugais* font un grand commerce de bois de *Bresil*, tiré d'un gros arbre qui ne porte aucun fruit. Mais les arbres fruitiers en fournissent de très excellents ; & l'on trouve dans ces Cantons une grande abondance de gibier & de poisson, qui ne laissent à desirer que d'être pourvu d'un cuisinier capable de les bien apréter.

Il y a dans cette Province des Mines d'or, mais beaucoup plus d'argent. Les *Portugais* en tirent quantité de safran, du coton, de la teinture rouge, de la lacque, du baume, du tabac, de l'ambre gris, du jaspe, du cristal de plusieurs couleurs, & quantité de sucre.

Un Etranger qui aprendroit la Langue du pays, & qui pouroit s'accoutumer aux manieres de ces peuples, avec de la santé & de l'industrie, peut se promettre de faire parmi eux une grande fortune. Mais pour y parvenir il faut s'armer de beaucoup de patience, & s'y mettre absolument sous la protection des *Jesuites*, dont le crédit en quelque maniere est égal à celui de leur Souverain. L'amitié des autres Religieux n'est pourtant point inutile à un Particulier; mais les enfans de *Loiola* ne font presque point de comparaison dans les *Indes*, avec la milice de *St. Thomas*, & de *St. François*. Enfin le passeport ou la
recom-

recommandation d'un *Jesuite* fait autant d'honneur & de profit à celui qui s'en trouve muni dans ces contrées, qu'une lettre du Roi.

CHAPITRE XXIII.

De l'Isle de Jerzey, de sa fondation, des mœurs & privileges de ses habitans

IL n'est point d'Isle en *Europe*, qui soit plus heureusement située que celle de *Jerzey*, dont les nombreuses plantations sont des mieux entretenues, & le terrain sur lequel on ne laisse rien d'inutile, parfaitement cultivé. Cette Isle, defendue par un nombre infini de rochers, qui lui servent de remparts, & qui seront toujours redoutables aux flotes

flotes les plus hardies, s'apelloit *Augia* du tems des *Romains*, sous le règne d'un des *Cesars*, qui selon les aparences fit bâtir le vieux château. Elle fut nommée *Insula Cesarea*, d'où les *Normands* composerent le nom de *Jersey*. Ce qu'il y a de plus certain, c'est que cette Isle faisoit anciennement une partie de la Province de *Neustrie*, & que *Guillaume le Conquerant* l'aïant unie à la Couronne d'*Angleterre* en 1066. y envoya commander *Eustache de Carteret*, frere ou parent d'*Ofroy*, qui étoit Ecuyer de ce Duc de *Normandie*, qu'il suivit en *Angleterre*.

Depuis que *Jerzey* a été démembré du domaine des Rois de *France*, par la donation qu'en fit *Charles le Simple* à un successeur de *Rollon* au Duché de *Normandie*, cette Isle n'a changé ni de nom, ni de maître, malgré les puissans efforts du *Connétable* du *Guesclin*, General des Armées de *France*, lequel fut obligé de faire rembarquer ses Troupes, par le courage & la bonne conduite de *Renard* de *Carteret* qui en étoit Gouverneur.

On vit dans une grande liberté dans cette Isle: la plus grande partie des habitans nés pour la mer, ou pour le négoce, sont de fort bonnes gens. Ces peuples furent anciennement persécutés par les *Normands*, qui l'ont ravagée plusieurs fois avec une barbarie étonnante. Les *Païens* y firent souffrir le martire à un grand nombre de *Chrétiens*, dont les cendres se trouvent mêlées avec celles de *St. Hiliere*, que l'on ne doit pas confondre, à l'imitation de plusieurs Ecrivains, avec *St. Hilaire*, Evêque de *Poitiers*.

La petite ville de *Jerzey* dont *St. Hiliere* est le Patron, n'est point dans une situation agréable, étant extrêmement resserrée par une montagne, qui ne lui est pourtant pas inutile contre les fureurs de la mer. Mais on y trouve des maisons fort riantes, & régulierement bâties, assez de subsistance dans les campagnes, beaucoup de zèle pour la Religion, & pour le Roi dans le cœur ses habitans, de grands exemples de piété chez le Ministre *le Couteur*, fort bonne chere chez le Colonel *Kempenfelds*, lequel y commande actuellement, & de la société chez les plus aisés de cette Isle, qui peut avoir huit lieues de circuit.

Si la Maison de *Carteret*, qui est une des plus anciennes & des plus illustres de la *Normandie*, n'a point établi les premieres plantations de cette Isle, on ne sauroit disconvenir, que les Seigneurs de cette noble race n'en
ayent

ayent été un des grands ornemens, & le premier apui.

Les Abbayes de *Fontenelles*, de *St. Michel*, & du *Bec* en *Normandie*, sont redevables à *Guy*, & à ses successeurs, d'une partie de leurs revenus. Les Annales de *Normandie*, de même qu'une vieille relation de croizades, écrite par un *Louis* de *Couci*, & les chartriers de la Cathédrale de *Coutance*, & des Abbayes de *Fontenelles* & autres, font une ample & honorable mention des Seigneurs de *Carteret*, dont le Chef en 1002. prenoit la qualité de *Conseigneur* avec le Roi de *France*, de la Baronie de *Carteret*, ainsi qu'il est porté par une chartre qui se trouve dans les Archives de la grande Eglise de *Coutance*, en ces termes : *Guillelmus eques, & Vice-Dominus cum Rege Franciæ Baroniæ de Carteret*. Mais depuis que la *Normandie*

mandie a été réunie à la Couronne de *France*, & que les Seigneurs de cette Maison se sont uniquement attachés aux Rois d'*Angleterre*, les biens qu'ils possédoient dans le Duché de *Normandie*, ont été réunis aux domaines des Rois *Très-Chrétiens*, quoique les Chefs de cette Maison ayent employé leur crédit, pour obtenir la restitution, ou bien un équivalent de cette confiscation. *Philippe* de *Carteret*. Commandant pour le Roi *Henri III*. dans les Isles de *Jerzey*, obtint la permission de ce Prince, d'aller reclamer à la Cour de *France* le bien de ses Ancêtres. Le passeport dont le dit Seigneur fut pourvu, étoit conçu en ces termes.

Sciatis quod consentimus, & licentiam dedimus Philipo de Carteret, quod accedat ad Regem Franciæ ad impetrandum si potuisset quod Rex reddat ei terras suas, itaque

taque quod poſtquam recuperaverit dat eas filiabus ſuis, quas habeat; & poſtea revertatur ad inſulas regni noſtri, ibidem moraturus, ſicut antea moratus eſt. In cujus rei. &c.

Guy, Conſeigneur de la Baronie de *Carteret* vivoit en l'année 1003. & fut ſurnommé *l'Oiſeleur*. Il fut Pere de *Godefroy*, lequel au retour d'une croizade dota, à l'imitation de ſes pieux Ancêtres qui firent de grands biens à l'Egliſe, l'Abbaye de *Fontenelles*, qui pour lors n'étoit qu'un Prieuré. *Godefroy* eut trois garçons, *Jean*, *Pierre*, & *Ofroy*.

Ce dernier ſuivit, en qualité d'Ecuyer, *Guillaume* Duc de *Normandie*, dans la guerre contre les *Anglois*, & s'établit en *Angleterre*, où il eut pluſieurs enfans, entre autres, *Renaud*, lequel continua la poſterité, &

fut

fut Pere de *Philipe*, qui commandoit l'an 1130. une flote. Le même *Philipe* fonda l'Eglise de *Tourteval* en l'Isle de *Garnesey*, & institua pour heritier de ses biens *Renaud*, qui étoit l'ainé de ses enfans. Le premier fils de *Renaud* fut heritier de son Pere, & Seigneur de plusieurs belles terres, & entre autres de celle de *St. Ouen* dans l'Isle de *Jerzey*. A ce dernier succéda un fils nommé encore *Renaud*, qui fut le Grand-Pere de *Philipe*, lequel fut pourvu l'an 1225. du gouvernement de Isles de *Jerzey*, *Garnesey*, *Sark*, & *Origny*, & dont en ligne directe descend Milod Baron de *Carteret*, Vice Roi d'*Irlande*.

Les habitans de *Jerzey* sont bons matelots, hardis, prudens, industrieux, mais un peu portés à la chicane & aux procès. Il ne reste dans leur Isle pour monumens

mens des Païens que deux grandes tables de pierre, sur lesquels ces Idolâtres faisoient anciennement leurs sacrifices.

On ne trouve dans la grotte que creusa *St. Hiliere* pour sa demeure, que ce qu'on voit de plus commun dans les creux d'un rocher. Si quelque Curieux n'avoit point visité le chartrier de l'Abbaye de *Fontenelles* à peine sauroit-on que *Dagobert*, Roi de France, fit un don de cette Isle, & de plusieurs autres, à *Samson* Evêque de *Dole* en *Bretagne*, desquelles ce Prelat jouit pendant sa vie. Les Actes de cette donation, dont *d'Argentré* parle assez succintement dans son histoire, se conservent dans les Archives de la Cathédrale de *Dole*; & une belle & longue Lettre que le celèbre *Théodore de Beze* écrivit aux habitans de *Jerzey*, pour les remercier d'un secours d'argent,

gent, qu'ils avoient fait passer à *Geneve* dans les premiers tems de la reformation, est une preuve authentique de la charité de ces insulaires, & de leur attachement à la Religion qu'ils professent.

Ceux qui se trouvent brouillés avec la Justice, & que leurs créanciers poursuivent un peu vivement, trouvent un doux azile dans cette Isle, où il n'est point mal aisé de simpatiser avec les habitans, parmi lesquels un homme de qualité, ou de cabinet, ne manquera point de trouver quelque ressource, pour peu qu'il merite les empressemens des premiers du pays. Mais à *Jerzey* comme par tout ailleurs, on a besoin de conduite, & c'est le meilleur guide dont un Voyageur se puisse précautionner.

T A-

TABLE
DES
VILLES ET FORTS,

Dont il est parlé dans cet ouvrage.

A

A Gouste,	260
Albano,	221
Alger,	359
Alicante,	303
Almeria,	307
Altea,	297
Altena,	111
Amalée,	123
Amsterdam,	10
Ancone,	193
Anholt,	34
Antequera,	308
Ardenbourg,	37
Arkel,	29
Armuiden,	41
Arnhem,	33
Aschaffembourg,	124
Assise,	198
Averse,	228

TABLE

Ausbourg, 133

B

Barcelone, 281
Baye, 240
Berg-op Zom, 36
Beverwyck, 43
Bois-le duc, 37
Bologne, 190
Bolzano, 150
Lommel, 47
Breda, 27
Bremen, 115
Brille, 45
Brixen, 149
Brunette (la) 182
Brunswick, 103

C

Cadix, 314
Cagliari, 278
Campen, 35
Capoue, 228
Caprée, 242
Carthagene, 304
Cassel, 119
Catania, 261
Catholica, 191
Cazal, 180

TABLE

Ceuta,	333
Chamberi,	182
Cheri,	181
Cleves,	53
Coesfelt,	64
Coni,	182
Cordoue,	318
Culembourg,	48

D

Dam,	36
Delft,	20
Denia,	296
Deventer,	35
Doetecum,	34
Dombourg,	41
Donavert,	131

E

Elbourg,	48
Elche,	304
Elsen,	70

F

Faenza,	191
Fano,	192
Ferrare,	190
Fez,	137
Flessingue,	40

Florence,	183
Foligno,	198
Fossa Nova,	222
Francavilla,	264
Francfort,	121
Frescati,	218
Fundi,	222

G

Gayette,	225
Gerginte,	264
Gertruydenberg,	25
Gibraltar,	332
Gironne,	289
Gorkum,	22
Goulette (La)	276
Grave,	38
Gravesand,	25
Grenade,	306
Grol.	33
Groningue,	35
Gueldre,	55

H

Haerlem,	44
Halberstad,	80
Hamburg,	107
Hanover,	106
Hasbat,	336
Harderwick,	48

TABLE

Haye (la)	23
Heusden,	27
Hildesheim,	76
Hombourg,	96

I

I Bourg,	67
Jean (St.)	181
Jerzey,	391
Inspruck,	141

K

Kiel,	112

L

Leiden,	18
Lerdam,	29
Lerida,	296
L'Escluse,	38
Leuwaerden,	34
Lippe,	75
Lipsoring,	71
Lisbonne,	377
Livourne,	186
Lokem,	33
Loo,	48
Lorette,	294
Losduinen,	25
Lubeck,	113
Lunebourg,	104

TABLE

M

Macerata, 198
Magdebourg, 85
Majorque, 297
Malaga, 309
Mantoue, 189
Maroc, 340
Marpurg, 119
Mataro, 291
Medina Sidonia, 319
Melazzo, 248
Messine, 250
Middelbourg, 39
Milan, 187
Minden, 79
Minorque, 300
Miquenez, 341
Mola, 424
Mont Cassin, 221
Monte, 199
Munda, 308
Munich, 137
Murcie, 305
Munster, 60

N

Naerden, 28
Nalwyck, 24
Naples, 228

TABLE

Narni, 200
Nimegue, 32
Nuremberg, 129

O

ORan, 334
Osnabruck, 66
Ossone, 319
Oudewater, 29

P

PAderborn, 68
Padoue, 155
Palerme, 247
Parme, 187
Paterbourg, 67
Pesaro, 191
Pignerol, 180
Pise, 185
Plaisance, 187
Pouzzole. 240

R

RAguse, 175
Rathnau, 96
Recanati, 198
Reggio, 246
Rietberg, 76

TABLE

Rimini,	191
Rome,	202
Ronda,	308
Roonbourg,	29
Roses,	290
Rotterdam,	21
Ruremonde,	56
Ryswick,	49

S

Saerdam,	43
Salé,	344
Saltsbourg,	140
Salvador (St.)	385
Santen,	57
Sarragosse,	294
Schenck,	48
Schoonhoven,	22
Senegallia,	192
Sevenberg,	26
Seville,	317
Spolette,	199
Stroepk,	84
Suze,	182
Syracuse,	255

T

Tanger,	335
Tariffe,	316

TABLE.

Tarragone,	289
Tergou,	47
Terni,	200
Terracine,	222
Thunis,	274
Tiel,	47
Tolentino,	198
Tortose,	289
Trente,	147
Tripoli,	355
Turin,	178

V

Valence,	302
Veere,	40
Velez-Malaga,	311
Velitri,	222
Venise,	159
Venlo,	56
Verceil,	180
Veronne,	152
Verue,	180
Vlardingen,	25
Vicence,	154
Viane,	29
Urgel,	290
Utrecht,	30

W

Walckembourg,	26
Wassenaer,	26

TABLE.

Wesel,	57
West Capelle,	41
Willemstadt,	26
Wintefeld,	71
Wittemberg,	103

Z

Zell,	105
Zutphen,	33
Zwol,	35

FIN.

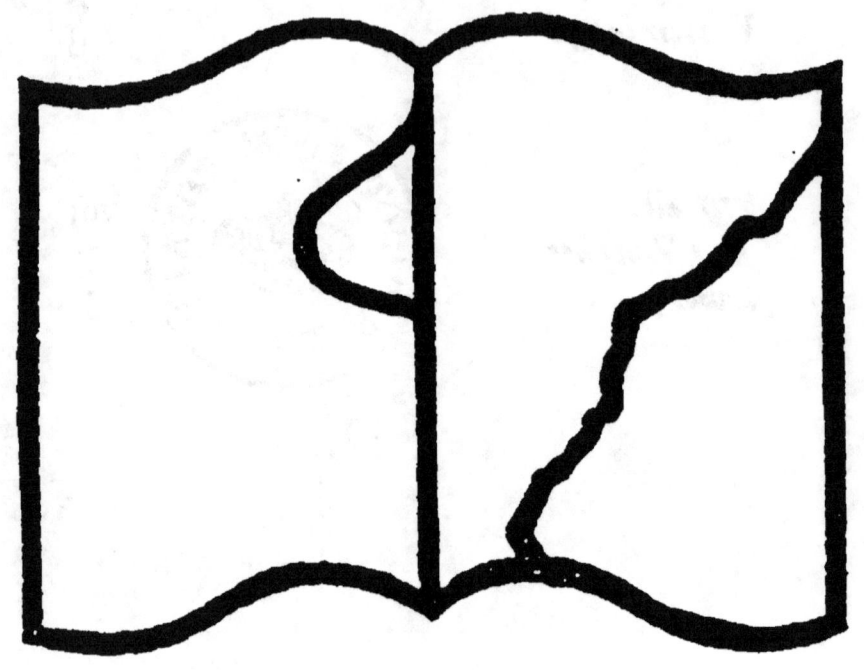

Texte détérioré — reliure défectueuse
NF Z 43-120-11